老板不"狠" 公司不稳 II

不要以为老板好当

马国柱◎著

地震出版社

图书在版编目（CIP）数据

不要以为老板好当 / 马国柱著. -- 北京 : 地震出
版社，2012.8
（老板不"狠"，公司不稳）
ISBN 978-7-5028-4108-9

Ⅰ．①不… Ⅱ．①马… Ⅲ．①企业管理 Ⅳ.
①F270

中国版本图书馆CIP数据核字(2012)第147847号

地震版　XM2692

不要以为老板好当

马国柱　著

责任编辑：范静泊　石金龙
责任校对：孔景宽

出版发行：地震出版社

北京民族学院南路9号　　　　　邮编：100081
发行部：68423031　68467993　　传真：88421706
门市部：68467991　　　　　　　传真：68467991
总编室：68462709　68721982　　传真：68455221
http://www.dzpress.com.cn
E-mail：seis@mailbox.rol.cn.net

经销：全国各地新华书店
印刷：三河市华晨印务有限公司

版（印）次：2012年8月第一版　2012年8月第一次印刷
开本：710×1000　1/16
字数：160千字
印张：14.25
书号：ISBN 978-7-5028-4108-9/F（4786）
定价：28.00元

我常对民营企业领导讲一句话：**副总、中层应该肩负起全部的企业日常管理，要解放老板，不要让老板因为企业日常管理分心。因为民企老板主要做两件事**——对内做企业发展战略；对外做企业第一公关人员，摆平制约企业发展的方方面面关系。

说老板好当的人，都是只看到老板"人前显贵"，而没看见他们"背后受罪"的人；都是只看到老板在公司内很少干具体事情，而不明白他们在外面也要忍辱负重的人。

让众多老板头疼的"办公室政治"，会把一个以盈利为导向的经济组织，变成一个勾心斗角的是非窝、名利场。其实"办公室政治"有两大主题：一方面是同事间的明争暗斗；一方面是对老板的阳奉阴违、冷对抗。本质上都是心态问题，没有把自己的进步建立在事业发展导向上，而是希望建立在同事进步慢的基础上；没有把收入增长建立在建功立业的基础上，而是建立在与老板博弈的基础上。

武学上讲"四修"：**初学修身手、中学修眼力、大学修情感、大家修心境**。在学习方面同样适用，可以这样理解：初等的学习，修炼身手敏捷、动作规范到位；中等的学习，修炼眼力，眼睛里要有活儿，不要老等着人驱使才知道干活儿，眼力意味着能够看出问题，这是解决问题的第一步；高等的学习，是修炼情感，比如感恩之心、自律之能等方面，就属于这个层次；到了大家、大师层次，就是在修炼一种心理境界，比如"不以物喜、不以己悲"，"岂能尽如人愿，但求无愧我心"，"合理的困难当锻炼，不合理的困难当磨炼"等等，都是在表述一种对待境遇的心境。当老板就是要修炼自己的心态，争取达到这个层次。

员工或者职业经理人，往往分四种工作心态，决定了职业生涯的四种走向——

①**打工心态**：我是给公司打工的，公司如何跟我没关系，只要能领我的工资就行了，所以有机会就怠工就敷衍。

这种人在用工难的时候，还有一席之地；一旦劳动力市场趋于饱和，或者供大于求，是首先被辞退的对象。这种人不注重自身的学习提高，晋升也与他们无缘，当后来者居其上时，他们往往又成为牢骚大王。

②**职业心态**：人家请我来，我要对得起工资和信任。

我们常说的"职业心态"，其实应该是职场人士心态的基本、底线，跌破这个底线，就达不到职业心态的要求。这种心态有两个基本价值支撑点：等价交换和契约精神，通俗来讲也就是"给多少钱，干多少活儿"。

③**专业心态**：作为专业人士，做事的品质代表专业水准，不能让人小瞧了。

有专业心态的人，在职业心态之上增加了为自身尊严和荣誉而战的心理，有了塑造个人品牌的意识。他们往往能够成为独当一面的专业技术人员，创意一般出自他们，是企业发展的必须人材。

④**老板心态**：公司与自己息息相关，有创业意识。

"创业"包含两层意思：一是自己撑摊子当老板；一是创造业绩。创业是很不容易的，美国绝大多数名牌大学毕业的博士、硕士，宁可打工拿薪水，也不愿意自己创业当老板，图的就是一个省心。

当老板必须充满老板心态，这是所有制性质决定的，谈不上可贵；员工或者职业经理人，拥有老板心态，才是难能可贵的。正因为有这样一批认为公司命运与自己息息相关的人的存在，公司才能生生不息、基业长青。

完全拥有老板心态的员工很难得，老板不要寄希望于这种人可以批量出现。要想批量涌现，最好的方法是进行所有制改造。但是具备一定的老板心态的员工，是可以通过教育引导获得的。

著名企业家稻盛和夫说：物质有可燃物、不燃物、自燃物，人也可分成这三种，要做就做第三种。

我认为：

打工心态的人，是不燃物；

职业心态的人，是可燃物中的不易燃物；

专业心态的人，是可燃物中的易燃物；

老板心态的人，是自燃物。

自燃物可以引燃易燃物。

目录

contents ▸▸▸▸▸

contents ▶▶▶▶▶

第一章

不要以为老板就是喝酒应酬、打高尔夫

老板们每天都在做什么呢？穿名牌，开"宝马"，整天穿梭于各大星级酒店和高尔夫球场，喝名酒，吃海味，偶尔到了公司，也是开个例会，做做样子。很多人都是这么看老板的。人总是这样的，只见贼吃肉，不见贼挨打，殊不知老板们光鲜亮丽的外表背后隐藏的是无尽的辛酸苦楚。

一、老板不易做

老板是什么？老板是一种职务，也代表一种权利。老板是王，也是"奴隶"。用8小时工作，24小时思考的是老板，"人前显贵，人后受罪"的是老板，承担最大风险，为企业负责的还是老板……老板不但要为自己赚钱，还要为员工赚钱，同时也要为社会创造财富。

而在很多员工眼里，当老板就是喝酒、应酬、打高尔夫，在公司里是国王，对员工发号施令，说一不二；在外面有地位有声望，受人吹捧……看上去老板风光无限，可是，很多员工往往只看到了他们风光的一面，殊不知风光的背后是无尽的拼搏和辛酸的奋斗历程。其实，老板是最辛劳、担当最多的职业之一。

作为老板，一般会有如下的切肤之痛：

1. 抉择之痛

老板对于企业就好像是船长之于一艘轮船,企业这艘大船的航向是他每时每刻都必须要关注的。企业从成立到以后慢慢地发展成长,老板都要选择好企业发展的方向,这种抉择的痛苦是普通员工感受不到的。企业如何才能发展壮大?如果企业需要进一步发展,是自己管理还是请职业经理人?自己管理的话,精力和时间上都面临着挑战,但是请职业经理人,又将面对与职业经理人间的种种矛盾。产生了矛盾以后,职业经理人大不了另寻下家,但是老板却躲不了,必须收拾烂摊子。毫无疑问,只要企业存在,老板就始终逃不开企业抉择的问题。

2. 风险之痛

企业经营中的风险是随着企业的发展壮大而同步变大的,企业越大其经营中所遇到的风险就会越大。经营企业是一件风险与收益并存的事情,尤其是当企业发展到一定规模之后,管理机制和管理职能方面不可避免地会出现阻碍企业健康发展的种种潜在危机,这些都为老板管理企业带来了巨大的风险与挑战。

3. 担当之痛

作为一个企业的组织者和领航者,老板们要对企业发展战略的制定、各级人员的管理、财务控制等企业经营中的重大环节负责,稍有不慎就会使企业出现重大变故。由此可见,老板身上肩负着多重责任,这种责任在为他们带来种种耀眼光环的同时,巨大的压力和痛苦也会随之而来。

4. 感情之痛

老板处于领导的位置，付出的要比普通员工多得多。不信可以看看老板每天的工作流程！早上8点钟到办公室，中午陪人吃饭或者开会，下午要接待各种各样的人，晚上有时还会有应酬。等到三更半夜推开家门的时候，家人早就睡了。有的老板与家人之间几乎没有时间沟通，而缺少沟通就意味着越来越不可能产生共鸣。

由于利益的纷争，有的老板还有可能跟自己的亲朋好友反目成仇，最终成为孤家寡人。有的是几个好朋友合伙创业，开始还好，等到企业发展到一定规模之后，大家的想法就各不相同了：有的说我的钱赚够了，要分钱退出；有的说我看好了别的行业，急需钱投资另起炉灶。矛盾的不断加剧最终会导致多年的朋友各奔东西、形同陌路。

所以说，老板不是那么容易做的。

二、老板来自金星，员工来自火星

"老板来自金星，员工来自火星。"用这句流行语来描述这种现象似乎非常合适。

从根本上来讲，老板和员工之间是存在矛盾的，尽管老板和员工之间较为明显的是一种合作关系——老板希望通过员工来获得更大的收益，员工也希望通过老板提供的平台来实现自己的追求。比如在薪酬待遇上，老板总是认为应该先有业绩，然后才有回报，而很多员工却始终是给多少钱、出多少力的心态；老板认为员工先表现出能力，做出业绩，才有资格提要求，而很多员工则觉得没有好的支持、好的平台和相应的权力，是无法做好事情的；老板关注的重点是结果，因为竞争对手不会关注过程，市场也不会关注过程，员工则认为没有过程也就没有结果，付出了努力就应该得到肯定；老板认为创造一元钱的收益远没有节约一钱的成本重要，而员工则认为在成本上多投入一元钱，最终获得的收益会远远大于一元钱……

因此，老板和员工之间就出现了各种各样的矛盾。员工总是有满肚子的苦水，老板在他们眼里简直就是个怪物。而老板则总是在疑惑：为什么员工工作没有激情？他们到底要什么？为什么不愿意和我沟通？为什么总是不遵守制度？为什么做事总不到位，还那么不稳定，三天两头跳槽？为什么他们总有那么多抱怨，还受不得批评？

我们来看一下某职业评测专家对抱怨老板的员工所概括的特点：

总是会有诸多的抱怨。通常他们在一开始的时候会用审视的目光，并且小心翼翼地看着专家。可是往往咨询到一半的时候他们就开始爆发了，许多人都开始激动地痛斥老板。

通常而言，失望和急迫的心情都会导致员工产生各种各样的怨言。事实上员工的抱怨则是家庭教育、学校教育、社会舆论所共同影响的结果。每当遇到烦恼和困难的时候，大家都习惯于抱怨。很多员工总是会想着自己要什么，抱怨自己没有得到什么，但是却从来都没有问自己付出得够不够多、做得够不够好，在工作中还缺乏什么。

其实，双方共同欠缺的是沟通。只有老板和员工都能明确了解对方的需要时才能真正使企业成为实现各自价值、满足各自需要的平台。

三、站在公司的角度看问题

　　做到站在公司的角度看问题，就要求每一位员工始终与老板站在同一条战线上，无论什么时候都要从企业发展的立场出发，以企业利益为先。

　　我们经常听到公司员工有这样的说法：

　　"公司推行各式各样管理我们的政策，这表明公司根本就不信任我们。"

　　"这又不是我的公司，我这么辛苦是为了什么？"

　　"我这么辛苦，但收入却和我的付出不成比例，我努力工作还有必要吗？"

　　老板与员工经常会产生矛盾，员工常常会觉得自己在公司没有受到公正的对待，实际上，因为你和老板看问题的角度不同，你才会产生这样的想法。老板希望你比现在更加为公司着想，更努力地工作，甚至把公司当成自己的事业来奉献。但是你从一个员工个人的角度出发考虑问题，工作占用了你大部分的精力和时间，你自认为已经很努力了，但老板却没有给你相称的待遇。

或许你会感慨自己受到的肯定和获得的报酬与自己的付出并不成比例，但是你必须时刻清醒地认识到：你的产品就是你自己，你其实是在为自己做事。

如果员工能够站在公司的角度思考问题，换个角度，就会得出不同的结论。想一想如果你是老板，一定会希望员工能和自己一样，更加努力，更加勤奋，更加积极主动地工作，并将公司当成自己的事业。所以当你的老板向你提出要求时，你就能够理解了。

或许你还是会问，换个角度，站在公司的角度真的有这么大的作用吗？下面这个故事可以提醒我们，换个角度看待问题，就会产生完全不同的感悟。

如果你想拥有一个好的心情，减轻自己在工作当中的心理压力，那么不妨试着换个角度去看待问题。

比如说，公司是为了防患于未然，才不得不推行各式各样的政策。站在老板的角度，风险防范和业务拓展同样重要。经常有员工抱怨公司推行的制度缺乏弹性、政策不合理。但平心而论，绝大多数员工都只能做到提出问题，却没有解决问题的办法。

一个员工要想做到像老板一样思考，就必须做到以下几点：

1. 从公司角度出发，站在公司立场思考问题

有人说，一个人应该永远同时从事两件工作：一件是眼下所负责的工作；另一件则是真正想做的工作。假如你能像对待想做的工作那样认真地对待该做的工作，你就一定会取得成功，因为你在最大限度地从公司获得报酬和利益，并且为自己的未来做准备。

站在公司立场思考问题，你就会成为老板不可或缺的人，一个值得信赖的人，一个可能拥有自己事业的人。只有将公司视为己有并尽职尽责完成工作的人，才能得到老板真正的器重，最终也会获得成功。

一般来说，你的老板就代表了公司，不要总是抱怨上司不给你机会，抱怨公司对你的不公，而应积极主动地寻求自我改变。不妨从自身出发，尽职尽责地完成自己分内的工作，并从公司的立场出发，了解公司需要怎样的员工，进而在不断的进步中使自己变得无可替代。这样，你不仅对于公司更有价值，而且能使公司和个人实现双赢，这才是优秀员工应有的表现。因此，站在公司立场思考问题，我们要经常地问自己：

（1）如果我是老板，我今天所做的工作是否能让自己完全满意？

（2）我是否完成了企业给自己、自己给自己所设定的目标？

（3）在工作中，我是否付出了全部的智慧和精力？

（4）我的言行举止是否符合老板的立场，是否代表了企业的

利益？

2. 坦率沟通解决问题

可以这样说，许多不必要的麻烦都是因为沟通不顺畅产生的。你不知道公司需要怎样的员工，不知道你的老板希望你做什么。沉默不能带来顺畅的沟通，更无法被别人所了解或为你带来机会。

公司的利益也就是老板的立场，你要学着从公司的角度看问题，就要主动找你的上司或老板，了解他们最希望你做些什么，他们需要怎样的员工。积极主动地改进你的工作，你会发现不仅是你的工作改变了，同事、上司、老板对你的看法也改变了，你对于老板变得不可替代了，你离成功更近了。

很多时候，不要等老板反复地对你说要做些什么，你应该主动调整你的工作，在完成本职工作的基础上，熟悉更多其他的工作，向更高的工作目标挑战。当你有能力胜任更好的工作时，你就获得了成功。当你改变了你的工作态度，你对于老板的重要性也会随之改变，一同改变的还有你的人生。

3. 坚持正确的事情

支持下属的工作，支持正确的事，是一名合格的老板必需要做到的；敢于挑战权威，站在公司的立场，坚持正确的事情，则是一名优秀的员工应必备的素质。员工对公司有责任、有承诺，面对公司的利益，任何坚持"正确的人"而非"正确的事"的行为都与正常做事的原则相背离。

　　老板的立场就代表了公司的立场，一个能够从公司的角度看问题的员工，会同情和支持自己的老板，自觉调整自己与老板的对立情绪，时刻与老板站在同一条战线上。

四、做自己的老板，对自己负责

一定要对自己的工作保持高度的责任感，对自己所做的事所产生的任何结果负责。

在生活中，各个领域的顶尖高手，无一不是把自己当做公司的主人，对工作也是100%地投入，关注公司里发生的大大小小的事情，就好像自己拥有这家公司全部股权一样。

每一个员工都一样，无论你在什么岗位上，都必须具备高度的责任感。这是工作的原则，更是人生的原则。当责任感成了一个人的生活态度，卓越及成功就会始终与他相伴。

Google中国区前总裁李开复，年轻的时候曾经在苹果公司从事技术工作。有一段时间公司的经营状况欠佳，员工们士气低落。经过细心调查，李开复发现了一个问题：苹果公司有很多功能非常强大的多媒体技术，但是因为没有用户界面设计领域的专家介入，这些技术无法形成简便、易用的软件产品。因此，李开复写了一份题为《如何通过互动式多媒体再现苹果昔日辉煌》的报告。

很快，这份报告就在公司的高层产生了影响，多位副总裁还亲自过目。经过认真研究，公司决定采纳李开复的建议，发展简便、易用的多媒体软件，李开复也被任命为互动多媒体部门的总监。

很多年后，李开复又遇到了在苹果公司时的一位上司，后者感触颇深地对他说："当年，你提交的那份报告让我们都感到非常惊讶。在此之前，我们一直只是把你看做是语音技术方面的专家，但是想不到你对公司战略方面的把握也有如此优秀的才能！假如没有你这份报告，公司很可能会错过在多媒体方面的发展时机，你也不会被委任为公司的项目总监和副总裁。你和你那份价值连城的报告，对于苹果公司今日的成功居功至伟。"

由此可见，一个积极为公司发展献计献策、具有高度责任感的员工，必定会受到公司的重用。与此相反，如果对工作凡事推脱，不能做到尽职尽责，则是无法胜任当前岗位的表现。

在职场中，我们经常会听到这样的话："这不归我管"、"我很忙，实在没时间考虑那么全面"、"老板，我试了好多次了，真的是完不成"。表面看来，这些理由挺有道理，但实际上，有些事情很多人不是没办法做，也不是不会做，而是不想对做事的结果负责。

　　数百年之前，有一位爱国志士曾发出呐喊："天下兴亡，匹夫有责！"同样，公司的生死存亡，与我们每一个员工都密切相关。公司发展壮大了，员工自然也会随之前途一片光明；公司日渐亏损，甚至破产，员工面对的就是薪资的减少，甚至是失业。由此看来，每个员工都必须在心里认定一个道理：公司兴亡，我的责任！

五、老板要促进企业自省

做一次自我检查容易，但能够时时进行自我反省就不那么简单了。要时时给自己一点儿提醒，一点儿压力。公司管理者就需要充当这个提醒者，时时给员工一点儿动力，一点儿压力，以保持员工不懈的进取心。老板的最大考验，不在于老板的工作成效，而在于老板不在时员工的工作时效。

英国管理学家H·赫勒曾经说过："当人们知道会有人检查自己的工作成绩的时候，会更加地努力。"

实际上，每个人都有惰性，有时候工作的动力就来自于有效的监督。科学的管理之所以成为企业的必需，一部分原因也就在此。管理的主体是人，客体也是人，要想真正提高员工的工作积极性，调动员工的工作热情，就要调动好指挥棒，把手中的激励和监督机制运用好。

　　肯德基在中国可谓家喻户晓，它是世界著名的快餐连锁集团，在全球60多个国家和地区拥有9900多家连锁店。然而远在万里之外的肯德基国际控股公司，又怎么才可以确保自己的下属循规蹈矩呢？

　　有一次美国总公司给上海肯德基有限公司寄来了3份鉴定书，这是对他们外滩快餐厅的工作质量分3次的鉴定评分，分别是83、85、88分。那么这3个分数是如何做出的呢？对于这个问题，公司中外方经理感到难以理解。最后才知道，原来总公司专门培训、雇佣一批人，让他们假扮成顾客到店里亲身体验，同时进行检查评分。正是因为这些"特殊顾客"与普通顾客真假难辨，才使得快餐厅上到经理、下至雇员都会时时刻刻感到某种压力，所以对工作一点儿都不敢马虎。

　　在很多企业，员工与老板经常打游击战。老板在的时候，员工就装模做样，卖力干活儿，似乎自己的工作非常称职；老板一离开，员工就开始在办公室里无法无天了。很多老板会在这个时候杀个回马枪，就能刚好抓个现行。然而，长久如此也不是个办法，老板没有这么多精力去跟员工玩游击战。

　　人的约束分为"自律"和"他律"，但主要是通过"他律"促成"自律"。有了对公司的责任、对家人的爱、对赖以生存的饭碗的敬畏、对"顾客才是真正发工资的老板"的稳定认知，才能形成真正的"自律"，也才能不反感"他律"。人皆有惰性，感谢老板通过"他律"，促进自己的"自律"。"要求"都是帮助自我实现"想要自求的"事物。

海尔集团的成功离不开它高效的监督管理机制。海尔集团建立了较为严格的监督控制机制，所有在职人员都要受到三种监督，即专检（业绩考核部门的监督）、互检（所在团队或班组内互相约束和监督）和自检（自我约束和监督）。干部的考核指标分为五项：一是自清管理，二是个人的财务控制能力，三是所负责企业的经营状况，四是创新意识及发现、解决问题的能力，五是市场的美誉度。这五项指标被赋予不同的权重，最后得出评价分数。每月考评，工作没有失误但没有进步的干部也会受到批评，这使所有的干部时时刻刻都感受到压力。每个海尔生产车间里大都会有一个S形的大脚印，每天下班时，班组长工作总结，当天表现不好的职工都要当着大家的面站在S形的大脚印上。

有了如此严格的监督管理体制，海尔员工的主动性和积极性得到了最好的发挥，每个人都想要做得更好。同时，海尔还有一套较为完善的激励机制，包括荣誉激励、目标激励、责任激励、物质激励等。这对于处处感到压力的海尔员工来说，无疑是一种心理调节器。监督和激励的良性循环使海尔在市场上不断取得成功，"海尔"也渐渐成长为世界知名品牌。

员工工作的主动性和热情会因为有效的激励机制而大大加强，因此要想让员工真正"动"起来，还需要建立有效的监督机制。

六、经营事业就是经营自己

1. 做好职业规划，赢在起点

你能否对工作保持长久的热爱，能否在工作中发现自己的人生价值关键在于能否做好职业规划、选择最适合你的职业。一个人在世上有许多职业可供选择，一种好职业的标准是：它有益于人的发展，能让人学到相当多的技能，能够使人不断进步，而且能帮助人实现自己的人生目标。

任何人在选择一个职业前首先都要确定自己的人生目标，因为人生目标大多要靠自己所从事的职业来实现，比如老板、管理者或者工程师，甚至干脆就是一个具体的财富目标。有了这样一个目标，你在选择职业时才不会误打误撞、碰到哪儿算哪儿，而是目标明确，有的放矢。

选择职业，也就是选择一个最适合自己发展的环境。在这一环境中，尽自己最大的力量去把事情做得尽善尽美，以此来使你期望的目标实现。你所选择的环境一定要与你的才智、性格和体力相适合，环境适合自己，我们工作起来才能感到顺畅愉悦。

我们应该及早选择一种最适合自己的职业，但也不可过于草率，过于急躁。如果暂时还无法确定，不妨慢慢来，思虑周密一些。固然，才智过人的年轻人对于这样的问题并非难以抉择，但是我们还是可以看到，很多年轻人都曾被职业选择的事情搞得焦头烂额、心绪紊乱。

有的年轻人开始做一份工作时，可能只是为了先保证自己生存下去，但是随着时间的推移，他们的惰性滋长了，斗志也渐渐地被磨平了，甚至连最初目标都放弃了。

一个人初入社会时的第一个职业选择是非常重要的，实际上很有可能会影响你的一生。也许你会这样说，当我不愿在某一个行当继续干下去的时候，再换个行当不就可以了吗？

或许你能够做到，但绝大多数人是无法做到的，因为一个人在某一行当工作久了，时间一长可能就习惯了，加上家庭负担日趋繁重，年纪越来越大，便会失去转行面对新行业的勇气。因为转行就得重新开始，从头学习，这样就会影响自己和家庭的生活。还有就是有些人心志已经磨损，只好做一天算一天，有时还会扯上恩怨的纠葛、人情的牵绊，种种复杂的原因，不得不让人感叹"人在江湖，身不由己"！

俗话说得好："男怕入错行，女怕嫁错郎。"在选择你的事业时，一定要想清楚了再去做。

在选择一份工作之前，时刻都要问自己：你将要从事的工作，是不是你所要的？它能不能达到自己的目标？这份工作能不能经得起产业升级和行业洗牌的冲击？只有这样理性的思考，才能让自己少走弯路，更快地迈向成功、持久地拥有成功。

2. 经营事业要有主动的责任心

那些在职场中庸庸碌碌，只是被动地应付工作的人，他们没有把自己全部的热情和智慧投入到工作中，只是在机械地完成任务，而并非主动地创造性地去工作。

只有当你真诚地、主动地提供真正有用的服务时，你才能获得工作上的成功。而每一个老板也都在寻找能够主动做事的人，并根据他们的表现来给予他们相应的回报。因此，好员工都明白：要主动地去完成工作，而不是被动地服从。

在工作中，我们要树立"立足岗位做贡献，超越岗位求新知"的工作理念，只有这样我们才能积极主动地去工作。超越工作岗位的同时，我们也会实现自我的超越。我们为了公司的强大，主动去做更多的事情，去承担更多的责任，会为我们自身的长远发展打下良好的基础。

所有懂得为自己工作的员工，都具有高度的责任感。他们将自己与公司的命运紧密联系在了一起，无论在什么岗位上，他们都会尽全力把自己的工作做到最好。同时，他们还会密切关注公司的发展，真正做到"公司兴亡，我的责任"。这样的员工，怎能不成为职场中的楷模，得到老板的青睐呢？

第二章

老板其实不好当，
像老板一样思考

思考是行动的前提。想要成为一个优秀员工，甚至将来成为一个出色的老板，那么在行动之前，都要先像一个老板一样去思考问题。公司的发展方向，产品的销售趋向，员工的管理事项，凡此种种，你都该像老板一样认真思考一下。因为，你并不是一名普通的员工，你是一个想要拥有自己事业，想当老板的员工。思考一下，就等于把你将来创业时所要面对的局面预演了一遍。

一、为什么要像老板一样思考

　　像老板一样思考是对员工能力的一个较高层次的要求，它要求员工站在老板的角度和立场上去思考、行动，把公司的问题当成自己的问题来处理。它是员工个人能力提升的重要准则，更是企业工作绩效提高的关键。

　　在IBM，每一个员工都有一种意识——我就是公司的主人，并且对同事的工作和目标要有所了解。这样，员工才能主动接触高级管理人员，与上司保持有效沟通，更加积极主动地投身到自己所从事的工作，并且可以保持高度的工作热情。

　　这种像老板一样思考的工作态度，源于老托马斯·沃森的一次销售会议。

　　那是一个阴雨连绵、风冷天霾的下午，老沃森在会上介绍了当前的销售情况，并对市场面临的种种困难做了细致分析。会议一直持续到黄昏，气氛很沉闷，一直都是托马斯·沃森自己在说，其他人则显得烦躁不安。面对这种情况，老沃森缄默了10秒，等大家突然觉察到这个十分安静的情形有点儿不对劲的时候，他站起来在黑板上写了一个很大的"THINK"（思考），然后转身对大家说："我们共同缺少的是——思考，对每一个问题的思考，请大家记住，我们的薪水需要通过工作获得，我们必须把公司的问题当成自己的问题来思考。"随后，他要求在场的人开动脑筋，每人提出一个建议。实在想不出什么建议的，可以对别人提出的问题，加以归纳总结，阐述自己的看法与观点，不然的话任何人不得离开会场。

结果，许多问题陆陆续续地被提了出来，并找到了相应的解决办法，这次会议取得了很大的成功。从此，"思考"便成了IBM员工的座右铭。

与老沃森一样，每一位老板都希望自己的员工能够随时随地都站在公司发展的角度来考虑问题，但是由于地位、角色和对公司所有权的不同，员工的心态很难与老板完全一致，许多员工甚至认为"公司的发展是由员工决定的"之类的口号只不过是一句空话，这是他们拒绝从老板的角度思考问题的主要理由。

有一位颇有才华的年轻人名叫陈鹏，但是他对待工作总是显得漫不经心。为此，他的咨询老师汪清专门找他沟通；他回答道："这又不是我的公司，我为什么要为老板的事业拼命？假如这是我自己的公司，我相信自己一定会比他更努力。"

两年以后，程鹏写信告诉自己的咨询老师汪清，他已经从原来的公司辞职，并自己独立创业，开办了一家小公司。在信的末尾他这样写道："这是我自己的公司，我会很用心地把它做好。"汪清回信对他表示祝贺，同时也提醒他一定要有足够的思想准备去面对可能在未来遭遇的挫折。

一年以后，汪清又一次收到了陈鹏的消息，陈鹏告诉他，自己已经在一个月前关闭了公司，重新回到打工族群体，理由是"我实在是应付不了那么繁杂的事物"。

许多员工的态度十分明确："我不可能永远是打工的，打工只是过程，最终还是要当老板的。我每干一份工作都在为自己积攒经验和扩展人脉关系。等到机会成熟，我就会自己去创业。"这种创业激情值得敬佩，但是如果抱着"在自己当老板的时候，我才会更努力"的想法则可能会适得其反。在很多情况下，我们需要站在老板的角度去考虑问题，试着和老板"换位思考"，这样我们做的每一件事都会成为日后创业的宝贵经验，等到时机成熟后，我们就能够开创自己的事业。

在工作和生活中，我们经常需要去理解别人。理解的最好方式是站在被理解一方的立场去思考，即所谓的换位思考。通过换位思考去了解别人的观点，这对于营造自己工作和生活的小环境是非常有用的。

作为公司的一员，从进入公司第一天起，你就要开始理解公司和公司的人，从公司的产品特征、市场实力、规章制度到公司文化都要尽力去理解。进而还要理解你的老板、你的上司、你的同事，理解他们都是什么样的人，有什么样的工作作风、脾气秉性。很多时候，在工作中还需要理解为什么他们要这样处理问题，而并非像你想象的那样。

与老板进行换位思考，即是要求员工站在老板的立场上去思考一些问题，真正理解老板的难处。试想一下，假如你是老板，你肯定也希望自己不在公司的时候，员工仍旧能够踏实工作，勤奋努力，各自把自己的工作做好，随时随地注意维护公司的利益，这样你就可以专心地应对外面的事情。

当你是老板的时候，你希望你的员工这样去做，那么，当你回到自己位置上的时候，你就应该明白，老板既然为我们提供了工作的岗位，为我们发工资和奖金，我们就应该把公司的事情做好。

与老板进行换位思考，就得试着去体谅老板的苦衷，这样才能在真正意义上从老板的角度考虑问题。老板要处理的事情很多，与他打交道的人更多，因此考虑的问题自然也远远多过一般员工。如何来形容员工和老板之间的关系呢？简单来说就是雇佣关系，他们一起创造价值，一起分享经营成果，是一种互利共生的关系。在如今的商业环境中，老板和员工之间必须要建立一种互信的关系。

当然，企业的管理者们希望员工树立一种主人翁意识，像老板一样思考，并不是在发出一种所有人都可以成为老板的信号，而是在向员工提出更高的要求。工作目的并不是单纯地拥有属于自己的公司而成为老板，而是在为自己的未来工作。

那么在工作中，应该怎样做才算是像老板一样思考呢？这需要我们更为深刻地认识自己的行为准则。请思考下面的问题：

假如我是老板，会怎样对待那些无理取闹、态度恶劣的客户？

假如我是老板，目前这个项目是不是应该先优化一下，再决定是否进行投资？

假如我是老板，面对公司中无谓的浪费，是不是应该马上采取相应的措施予以制止？

假如我是老板，是不是应当确保自己的言行举止与公司要求相符合，以免对公司造成不好的影响……

在这里，我们无法把老板应该思考的所有问题都一一列举出来，但是毫无疑问的是，当你站在老板的立场考虑问题时，你就应该对自己的工作方式、工作态度以及工作成果，提出更高的要求，只要你深刻思考，积极行动，那么你所获得的评价一定也会迅速提高，你也将会很快地脱颖而出。

二、不要认为老板总是在刁难你

事实上，很多的员工都会抱怨老板总是刁难自己：

老板为什么总是看我不顺眼？

为什么总是认为我的工作不够好？

为什么把连加班都完不成的任务总是派给我一个人？

其实这样的员工总是会有无数个"为什么"！特别是遇到一个爱折腾的老板，他们觉得老板总是喜欢折腾人、折腾事——刚刚熟练了一个职位，很有可能就会马上被调到另外一个职位去；工作任务似乎从来都不确定，经常临时加任务；人员流动频繁，来公司一年多就算老员工了……其实这样的抱怨是能够理解的，可是作为员工，究竟能不能理解老板为何要这样"爱折腾"呢？

要知道，任何一个老板都并非"爱折腾"，他们之所以总是折腾，正是因为环境一直都在发生着一系列的变化，事情也同样在一直变化，而作为企业的领导者，就一定要主动去适应这些变化。与此同时，从企业用人的角度来看，折腾有着极其重要的作用。"骨干是折腾出来的"，著名管理咨询专家张建华的这句话说得非常正确。

第一，折腾能够对员工的忠诚度做出考察。你是否忠于公司？所谓患难见真情，员工对企业如朋友之间相处一样。绩效考核只能了解员工专业素质的好坏，但却很难检验出这个人对公司是否忠诚，所以老板就人为地制造出危机来，折腾就是检验员工对于企业忠诚度的好办法。

老板不可能一下子就给你全部的信任，他会根据你的表现，你表现了多少忠诚，他就给你多少信任，老板盲目而草率地信任一个人，反而是企业危机的开始。假如你想获得发展，就要做好被折腾的准备，老板要不断地折腾你，因为他相信忠诚是需要考验的，而并非听你嘴上说的。就看你在折腾的过程中能不能扛得住，能不能坚持留下来。如果你扛住了、留下了，就说明你对公司是忠诚的，等待着你的就是光明的前景。

第二，折腾能够使企业保持活力。所有的人都有惰性，长时间处于一个岗位上，每天重复着同样的工作，活力和干劲自然会消退，所以，老板通过折腾迫使员工适应新环境，结识新同事，学习新方法，保持活力和干劲，进而使企业不断地向前发展。

第三，折腾可以让员工进步。就像只有经过千锤百炼才能锻造出一块好钢一样，要想进步，员工就要经受得住来自环境、社会以及组织反复不断的磨炼——折腾。在职场上，要能够承受来自方方面面的压力，扛得住种种生理和心理方面的重负，"艰难困苦，玉汝于成。"人要想成为可用之才，就必须经受反复不断的磨炼。

台湾城邦出版集团创始人何飞鹏在《自慢》一书中说："我们不得不承认，老板（上司）的能力通常比你强，因而产生了判断和思考的落差，有时老板的判断与要求，在我们看来就会变成不可能达成的任务，不讲理的要求。大多数人遇到这种情况，用了太多的时间来骂老板，用了太少的时间来思考、解决问题。直接接受老板的不讲理，因为那是你快速追赶老板能力的捷径。"可谓是恰当而中肯。

三、树立主人翁意识
——公司的事就是我的事

我们所说的"像老板一样思考"，并不是让员工不顾实际、一门心思地想当老板，却不重视现在的工作，而是强调作为员工要树立一种主人翁意识，以老板的态度来对待公司，这将使你最终受益。

英特尔的总裁安迪·葛洛夫先生，有一次他应邀到加州大学伯克利分校对当时的毕业生发表一个演讲，他向即将毕业的学生们提出了以下的建议："不管你将来会从事什么职业，在什么样的公司就职，都不要只把自己当成员工——一定要把公司看做是自己开办的公司一样。"事实上这番话的真正用意并不是说你就可以对公司的事务横加干涉，指手画脚，而是希望你能够换一种积极的思路去考虑工作当中遇到的问题，提高自己工作的主动性。

有些人觉得：公司是老板的，我只是为他工作，我的工作做得再好、再用心，得好处的永远是老板，对我没什么好处。有的员工每天按部就班地出勤，一到下班时间连一秒钟也不愿耽搁，总是第一个冲出办公室或车间。有的甚至趁老板离开的时候煲电话粥或无所事事地遐想。

这样的想法和做法其实是在自毁前程，同时也是在浪费自己的生命。一个在事业上取得非凡成就的老板说："除了那些含着金钥匙出生的富二代，绝大多数老板刚开始的时候也是为别人打工，而一个人打工时的心态从某种程度上来说，决定了这个人日后是否能够成为老板。"

假如你觉得老板整天只是赶赶饭局，打打电话而已，那就大错特错了。实际上，他们无时无刻不在思考着公司的远景和行动方向。有时候，我们不妨做一下换位思考，即站在老板的角度去思考问题。在工作中，我们应该具有一种老板心态，经常在心里问一问自己："如果我是老板，遇到这种情况，我会怎么想、怎么做？"

如果你是老板，在你的公司里有两个员工，其中一名员工只有在工作任务交代得很详细的状况下才去做，还经常完不成工作；而另外一个总是能够很圆满地把布置的任务完成，还喜欢帮助别人。这两名员工，你更愿意用哪一个？答案显而易见。

像老板那样去思考，可以让你受益匪浅。老板之所以成为老板，自然有其过人之处，称得上是优秀之人。揣摩优秀的人是怎么想的，向优秀的人学习，以老板的心态对待工作，你就会自觉地去思考企业的发展，就会明白自己应该做什么，不应该做什么，就会像老板一样去行动。

老板与员工最大的不同就在于：老板把公司大大小小的事情都看做是自己的事情，员工则习惯把公司的事情当做老板的事情。正是因为存在这两种不同的心态，他们工作的方式截然不同。任何有利于公司的事情老板都会去做，但是有些员工在公司里却往往仅限于把那些分配给他们的事情完成，至于别的事情，他们往往会说"那不是我的工作"、"我不负责这方面的事情"。

但是，当你以老板的角度思考问题时，你就能渐渐地和老板一样积极主动地工作，忠诚于自己所在的公司，并对自己所做所为的结果负起责任。

刘远从国内一所知名的管理学院毕业时，几家大公司同时向他伸出了橄榄枝，但是他最终决定去一家规模较小的公司做总经理助理。对于刘远的选择，他的同学都想不明白：在实力强的公司工作，起步的平台不是更高吗？为什么自讨苦吃？再说，助理的工作不就类似于打杂吗？每天的工作无非就是收发文件、做做记录，有什么前途可言？

几年之后，刘远从一个初出茅庐的毛头小伙成长为一家年赢利过百万元公司的老总。有一回，当别人称赞他的非凡能力时，他谦虚地说："说实在的，我刚参加工作时那份总经理助理的工作给了我很大的帮助。正是由于每天都在跟公司的各种文件、资料打交道，我才很快地了解了作为一个领导的管理思路；而记录一场场的会议过程，又让我明白了企业是如何决策、如何经营的。当初我做的那一件件小事看似不起眼儿，但是，如果从公司老板的角度来看待，就能看出价值的所在。"

老话说得好：读万卷书，不如行万里路；行万里路，不如阅人无数。刘远的这段"取经"的经历对我们很有启示。

在老板看来，管理也就是两件事情：一件是降低管理成本，控制运作费用；另外一件就是扩大业务范围，增加业务收入。其实总结起来，这两件事就是一件事，那就是为了提高利润，所以老板最终还是看利润，而利润要从管理中来。

因此，你给老板的任何提案都需要在这两个方面下工夫，或者是降低成本，或者是扩大收入。否则你就是说得天花乱坠，老板也不会重视你的意见。降低成本和扩大收入这两个主题是你和老板沟通的基础。你自己解决管理问题时，也要学习老板的办法，只有这样才能增强企业的竞争力，提高公司的效率。

当以老板的心态来要求自己时，你就不会只满足于达到公司的目标，而且会以一个更高的目标来实现自我满足，这等于是在挑战自己，而不是在做给老板看。

李楠刚到一家公司时，只是一名普通的出纳。开始向老板汇报工作时，只是简单地汇报一些数字。时间久了，李楠觉得自己的工作还有很多需要改进的地方。他想：如果我是老板，我会希望财务人员更多地给我提供些什么信息。他想到不应该仅仅是完成每个月的损益表，而且应该有更多的分析，例如企业经营的状况、得失和可能存在的风险等。于是，李楠在以后的汇报中向老板呈上了自己精心准备的资料，老板对他的主动精神和工作业绩颇为满意。时间久了，老板觉得他这个人不错，便调他到自己身边做秘书，而且大事小情都和他商量。

　　总之，老板看的是全局，算的是大账，看问题直达核心。而一般员工往往被表面的现象迷惑，或被自己的职位限制，不懂得准确的定位。

　　一个有准备的打工者，肯定会在平时以老板的心态要求自己，将自己在工作中遇到的事情当做经验与知识积累下来，久而久之，他就具备了当老板的素质。

　　当你以老板的心态去对待工作的时候，你会完全改变你的工作态度。你会时刻站在老板的角度思考问题，你的业绩越来越高，你的价值会得到体现，企业会因为有你的努力而变得不一样，你还可以通过你的带动作用改变你身边的人。

四、学会与老板换位思考

像老板一样考虑问题，像老板一样行动，你就拥有了老板的心态和思维。用老板的心态对待工作，你就会成为一个老板乐于雇用的人、一个值得信赖的人、一个对公司的发展有帮助的人。

在职场中，员工们讨论得最多、抱怨得最多的总是老板：

"昨天一直加班到半夜12点，晚饭都没吃，结果连打车费都不给报销！"

"我比你还惨。办公室的空调坏了，这么热的天，老板都不闻不问的！"

"老板太抠门儿了，什么都是省钱第一，真是让人受不了！"……

这类的抱怨我们是不是听着十分熟悉？

其实，换位思考一下，我们就能够理解老板了。老板也是人，一个极其普通的人，跟我们一样，他（她）也会有巨大的事业压力，有家庭琐事的拖累，也有不好对付的客户，更有因员工不理解而生出的苦恼。

老板承担着巨大的风险创办公司，购置设备、招聘员工、训练员工、管理公司、开拓市场……这些过程不但繁琐辛苦，还需要具备很多特殊的能力，譬如组织能力、管理能力、企划能力、融资能力等。为了维持公司的正常运转，老板对内要做好管理，使一切有条不紊；对外要协调各方关系，交际应酬，让一切事务都能顺利进行。很多人只看到了老板光鲜的一面，却往往忽略了他们为之所付出的辛劳。员工只需要对老板负责，而老板却必须要对所有的员工负责；员工只需要做好本职工作，老板却要统筹全局；员工周末或业余时间休闲，老板却从来都不敢有丝毫懈怠；如果企业经营失败，员工再找一份工作就可以，而老板却是多年心血毁于一旦，甚至有可能一辈子都翻不了身。

有一首歌唱得好："大丈夫，不好做，再痛苦，也不说。"其实做老板也是一样，很多压力和痛苦都只能自己忍受，谁让你是老板呢。所以，如果作为员工你能够学会换位思考，多为老板着想，拿出漂亮的业绩，那么，任何一个老板都会毫不犹豫地重用你。

有一次，戴尔·卡耐基在报上刊登了一则聘请秘书的广告，几天之内就有大约300封求职信涌来，内容几乎是一样的："我在周日早报上看到您聘请秘书的广告，我希望应征这个职位，我今年二十几岁，某某大学毕业……"只有一位女士特别聪明，她并没有说她如何如何有能力，她说的是卡耐基需要什么。她在信中这样写道："尊敬的戴尔先生：您所刊登的广告可能已引来数百封回函，而我相信您一定很忙碌，抽不出时间来一一阅读，因此，您只需拨个电话，我很乐意过来帮助您整理信件，以节省您宝贵的时间。我有10年的秘书经验……"

卡耐基看完这封信后，简直是欣喜若狂，马上打电话请她前来。卡耐基说："像她那样的人，永远不用担心找不到工作。"

学会换位思考，任何时候都能够设身处地站在别人的立场和处境考虑问题的人，永远能在职场上找到适合自己的位置。

换位思考，也就是员工可以站在老板的立场上去看待问题，充分理解老板的难处，想老板之所想，急老板之所急。像老板那样思考，像老板那样行动，像老板那样奉献，像老板那样追求，你将具备像老板那样的素质和能力。只要你愿意，终有一天你会成为名副其实的老板。

五、时刻以公司利益为先

一个员工要做到像老板一样思考，就要时刻以公司利益为先，当公司利益与个人利益发生冲突时，应该主动将公司的利益放在第一位，同公司和老板保持高度的一致，只有这样，才算是把像老板一样思考的工作理念进行到底。

一般情况下，大多数员工都能够将公司的利益放在第一位，但是当公司的利益和个人的利益发生冲突时，当坚持公司的利益可能会给个人带来潜在的损失时，还有多少人依然坚持以公司利益为先呢？

一名时刻从老板的角度考虑问题的员工，以公司利益为先已成为他的一种高度自觉，这样的员工正是那些真正把像老板一样思考的工作理念贯彻到底的人。

在公司中，我们可能会遇到类似这样的情况，你原本应该站在公司的立场上说出自己的想法和见解，或者你本来应该从公司的利益出发实施某些措施，但问题是，由于你的立场和措施可能会改变公司长期积累下来的一些固有习惯，甚至因此触犯了某些人的既得利益，这种情况下，你将最终不得不放弃自己的立场，取消你的原有措施。更糟糕的是，可能你就是那个由于不愿意改变现状或者是不希望失去现有利益而反对施行某些好的措施的人。

其实，无论是主动干涉还是被动妥协，都不是一个优秀员工应该做的事情。

王先生曾经在某著名广告公司担任市场销售总监，一次，他召开经理级的业务会议。他听说部分职员谎称完成客户拜访计划，因此，他就在会上向众人询问此事："我听说最近有些销售员声称完成了客户拜访计划，实际上却没做到，这是不是真的？"

每个人都不愿意得罪同事，以免影响到今后的关系和利益，尽管知道确实有人这样做，但是没人站出来讲。有的说没有，有的说这可能是谣传，有的则低头不说话。

其实王先生了解大家的心理，所以压根没有期望会有人真正站出来指出这样的问题。但没想到的是，小张站出来说："确实存在销售员谎称完成了客户拜访计划，并在销售客户拜访表上弄虚作假的情况。销售三部的马东上次声称拜访过一位顾客，我最近拜访那位顾客时，对方告诉我近期并没有本公司的销售人员拜访过他。"

大家听完后都为小张捏了把汗。这之间牵扯到一系列的利益关系，马东是销售三部刘经理一手提拔的，而刘经理怕马东的失职连累自己，马上辩解道："我了解马东的为人，我想此事只不过是工作记录的失误而已。"

小张还想继续说下去，但是王先生把话题岔开，说起别的事来。其实，王先生早知道了这些事实，只是不愿把事情弄得复杂，才不再追问下去。但小张的诚实和以公司利益为先的精神却记在了王先生的脑子里，没过多久，公司业务发展需要管理人才，王先生便提拔了他。

事实证明，时刻以公司利益为先的员工往往是发展最快的员工，上文中的小张就是一个典型的例子。下面是一家公司员工使命宣言中有关公司利益为先的内容，相信可以为大家提供借鉴和参考：

"我承诺，假如公司利益与个人利益相冲突，我仍然以公司利益为先，站在公司的立场。"

"假如发现公司存在问题，或某项措施的实施有欠妥当，我会及时向有关部门反映，而不是首先顾忌这样做是否会触犯他人利益。"

"假如公司中其他员工的言行客观上损害了我的利益，只要他是从公司利益出发，我将表示理解，并诚恳地采纳相应的建议和措施。"

"我愿意积极推动各种有利于公司发展的变革，无论这些变革对我个人而言是否有利。我相信首要的问题是公司的发展，其次才是在这种变革中我有能力获得怎样的机会。"

六、让老板看到你的才华

在职场中，很多员工总是抱怨自己没有遇到伯乐，觉得自己怀才不遇。但是反过来想想，你是否能够主动让伯乐看到你这匹千里马呢？现实生活中，千里马若不放歌长嘶，即使它再有奔跑的能力，也难以引起伯乐的注意。

一年中的产销旺季已经到来，看到公司今年的生产、销售业绩都比去年有了长足进步，曹经理喜不自禁。出人意料的是，组装事业部一个姓孙的员工跑来向他提出了辞职申请。

小孙来公司已将近4年，是公司的老员工了，工作还算称职。曹经理不免有些疑惑，便问他为什么辞职。小孙支支吾吾地也说不出个子丑寅卯来，曹经理以为他一定找到了更好的机会，就没做过多的挽留。

　　事情过去半年，有一天曹经理独自在酒吧喝酒，无意间遇到了小孙。见到曹经理，小孙主动走过来打招呼。曹经理也很大方，请他一块儿坐下。彼此客套一阵后，曹经理询问起小孙的近况，小孙说："和原先在您的公司里一样。"

　　原来，小孙大学毕业后就进入了曹经理的公司，在组装事业部从事技术工作。虽然小孙努力试图展示自己的才华，但由于种种原因，一直得不到重视。尽管公司的待遇上比一般公司高，但苦于找不到自我提升的更大空间，小孙最终还是决定跳槽。接着他进入一家同类企业，从事着同样的工作，原本以为通过环境的改变、自身的努力，能够获得一展才华的空间，却没想到一切依旧如故，只不过是换了个打杂儿的地方而已。

　　说完自己的遭遇，小孙叹了口气说："曹经理，我有话直说，您别见怪，是不是所有的老板都像您这样，看不到员工的潜能和长处，总是喜欢按照自己的想法来安排员工的工作，不给员工自由施展才华的机会？"

　　曹经理没想到自己竟然给小孙留下了这样的印象，不过，曹经理并没有急于辩驳，只是询问了一些他对于以往和当下境遇不满的原因。由于已经离开了公司，小孙倒显得没什么顾忌了，他大胆地讲了许多自己的见解，有纯技术上的，也有关于企业管理上的，虽然不算精辟独到，其中也不乏道理。

　　曹经理有点儿后悔当初把他放走，小孙的很多见解和设想对于公司的生产与经营确实有好处。第二天一大早，曹经理便召集了公司相关部门的经理们讨论了小孙的见解和建议，大家一致认为小孙确实是一个不错的人才。当天中午，曹经理给小孙打了电话，约他来公司谈谈。小孙很快来了，曹经理直截了当地希望他能够"好马也吃回头草"，重新回来工作，当然也相应地给他提供了合适的职位和待遇。小孙很高兴地同意了。

曹经理很认真地问小孙："为什么当初你不把自己的这些设想和建议提出来？"

小孙不好意思地说，其实他当初也很想把自己的想法表露出来，只是因为性格内向，不善于与人交流和沟通，而且重要的是，他一直固执地认为上司和老板应该主动发现员工里的人才。正是因为有这样的想法，所以后来即使换了工作和老板，依然境遇如旧。最后，小孙说："那天要不是喝了点儿酒，而且我们之间也不再是老板和员工的关系了，我也不敢那么直截了当把自己的想法都说出来！"

因此，对于仍然躲在角落里等待老板主动垂青的员工，应该早做准备，主动出击。要不然，就算你再怎么才华横溢，老板发现不了，你也无法一展身手。

第三章

老板都是干出来的，
像老板一样拼搏

要像老板一样思考，更要像老板一样行动。作为一名员工，你在公司的每一项工作，每一步成长，都是用你的实际行动体现出来的。明白了老板的不易，就该事事做在老板前面，主动为老板排忧解难。行动的力量永远胜于语言，什么都比不上你努力工作给老板留下的好印象。

一、像老板一样热爱公司

如何才能做到像老板一样热爱公司呢？最好的办法就是有老板心态。老板心态，指的是一种责任心、事业心和使命感，一种"纵观全局、从小处做起"的工作精神，一种对效率、质量和品牌等方面持续关注与尽心尽力的工作态度。

职场中的能手大都具备老板心态的人，他们能够把老板的事当成自己的事，把老板的钱当成自己的钱。遗憾的是，职场中很多人不懂得这一点，他们总是把老板的事与钱当成是别人的事与钱来对待，最终结果是——老板也就把他们当成了外人。

任何一位身处职场里的人，要取得一番成绩，拿到梦想中的高薪，享受让人艳羡的福利，就必须培养起老板心态。

要想老板不把自己当外人，先要把公司当自己的公司。

或许有人觉得，当老板的人自然就会拥有老板心态，自己不是老板，又怎么会有老板心态呢？实际上，老板心态并非老板独有，它也不是老板的专利。有些人被称为老板，他也洋洋得意地以老板自居，但其实他并非真正意义上的老板，原因就在于他没有老板心态。而有些人尽管没有老板头衔，甚至做着很平凡很简单的工作，比如一个秘书、一个收银员、一个送货员，但他却可能是真正意义上的老板，只要他拥有成为一个老板的基本要求和素质——老板心态。

拥有了老板心态不一定都能够成为老板，但没有老板心态肯定成不了真正的老板。

有很多成功人士都曾经这样论述过钱和事的关系：自己的钱办自己的事——既有效率又节约；自己的钱办别人的事——节约但效率不高；别人的钱办自己的事——有效率但不节约；别人的钱办别人的事——没有效率也不节约。

这个关系我们很多人都明白，但是，真正能把这个关系应用于职场中的，却并没有多少人。如果我们能够像热爱自己的爱好那样热爱工作，像老板那样热爱自己的公司，那么，我们就一定能把老板的事当成自己的事——凡事讲效率和效果，把老板的钱当成自己的钱——凡事讲节约，最终的结果就将是：老板把我们当成自己人。

假如我们很长时间都坚持这样做了，我们的老板却始终没有任何表示，我们就可以选择离开了。实际上，如果我们像老板一样热爱公司和工作，而老板却无动于衷，我们也没有吃亏，正是因为有这样的老板才更加地磨炼了我们，使我们拥有了老板思维和老板心态，我们应该对他表示感谢。一个拥有老板心态的职员，无论在哪里工作都会受到企业和组织的欢迎。

要具备老板心态，我们应该首先认可以下三个基本观念：工作是为了自己；老板的事业也就是自己的事业；能力比薪酬更重要。

1. 工作是为了自己

当你把公司看成是自己实现理想的舞台时，你就会像老板一样热爱公司和工作，也就是说你具备了老板心态。实际上，当"工作是为了自己"这个观念在你脑海里确立的时候，你就已经是公司的老板了，因为你已和公司融为一体，当然，你的所有努力都不会白费。

齐勃瓦在自己16岁那年，由于家境贫寒无奈到一个山村做了马夫。尽管只在学校接受过一段很短时间的教育，可他却不甘心做一辈子马夫，所以他一直在寻找发展的机会。4年后，他来到了钢铁大王安德鲁·卡内基的一个建筑公司里打工。他在进入建筑公司那一天就下定决心，一定要成为公司里最优秀的员工。当许多人都在抱怨工作辛苦、薪水太低的时候，齐勃瓦却一直都在默默地积累着工作经验，还自学了建筑知识。

一次，公司的经理来到建筑工地进行例行检查工作，在视察工人宿舍时，经理在无意之中发现了齐勃瓦床头的书，并且翻了翻他的笔记，什么也没说就走了。第二天，经理把齐勃瓦叫到了办公室，问他为什么要学那些东西。

齐勃瓦回答道："因为我认为我们公司缺少的其实并不是建

筑工人，而是真正有工作经验和专业知识的技术人员与管理者，是这样吗？"

经理听完之后觉得很对，所以并没有多说什么。

几个月之后，齐勃瓦意外地被破格升任为技师。那些打工者当中有人讽刺、挖苦齐勃瓦，可是他却告诉那些人："我并不只是在为老板打工，更不单纯只是为了赚钱，我始终都在为自己的梦想打工。我们其实都应该在工作中不断地提升自己，让自己创造的价值远远超过得到的薪水。我认为，只有把自己当做公司的主人，才会有更好发展。"

在"我是在为自己的理想打工"的观念指导下，齐勃瓦从来不计较个人得失，始终都是努力工作，刻苦钻研，终于全面掌握了技术知识。正是因为这样，他一步步地晋升为总工程师。25岁的时候，他就被任命为了这家建筑公司的总经理。

齐勃瓦在从事经营管理的过程中，展现出超人的管理才能和工作热情，这些也都被卡内基钢铁公司的天才工程师兼合伙人琼斯看在眼里。后来，琼斯任命齐勃瓦为自己的副手，主管全厂的经营工作。而就在两年之后，琼斯在一次事故中不幸丧生，于是齐勃瓦接任了厂长。几年之后，齐勃瓦就被卡内基亲自任命为钢铁公司的董事长。

齐勃瓦的成功故事并不是告诉人们，只要努力就一定能够成为公司老板，而是告诉我们，只要努力，只要付出比别人更多的工作热情，我们的才华就一定不会被埋没。而前提是员工必须把公司当做自己施展才华的舞台，以主人翁的心态去对待工作。

2. 老板的事业就是自己的事业

具备老板心态的员工，总是会像老板一样热爱公司，以老板的心态去对待工作，把公司的发展和成功当成是自己的事业。

谭丁现任沃尔玛（中国）的商品部经理。1995年，谭丁从上海交通大学毕业，当时沃尔玛（中国）正在紧张筹备开业，谭丁进入了这家世界最大的零售企业。刚开始，由于没有任何采购工作的经验，谭丁感到工作拓展得极其艰难，但是，她始终坚持一个原则，那就是时刻都要想着为公司争取到最大的利益。

正是有了这种主人翁的心态，她在工作中慢慢积累了丰富的经验，掌握了谈判的要诀和技巧，同时注意把握双赢原则，总是同时考虑到双方的利益，终于打开了采购工作的局面。她一步一步从一个普通的采购员升任到助理采购经理，再到采购经理，直到如今的商品部经理。如今，她已经被列在沃尔玛的TMAP计划培训名单上，这个培训计划的目标就是培养接班人，可能是上一级主管，也可能是更高的管理层。

像谭丁这样具备老板心态的员工，肯定会获得公司的认可和提升。因为，当你拥有了老板心态，你就会成为一个值得信赖的人，一个老板乐于接受的人，从而也是一个可托付大事的人。

二、超越老板的期待

要想成功，你就必须比一般人付出更多。

如果你每天的工作都仅限于把自己分内的事情做好，那么你将无法争取到人们对你的有利评价。但是，当你所做的工作的价值超过了你所获得的报酬时，与你的工作有关的人一定会因你的行动而对你做出良好的评价。例如一个业务员，只有拜访了足够多的客户，才能获得成功。如果他不清楚最优秀的业务员一天拜访多少个客户，那么他根本就没有成功的机会；如果他无法付出最优秀的业务员所做的劳动，他的业绩就无法提高。

柯金斯是福特汽车公司的总经理。一次公司里因为有十万火急的事，所以要给所有的营业处都发出通告信，需要全体员工都能够协助工作。可是当柯金斯安排一个做书记员的下属去帮忙套信封的时候，这位职员却傲慢地拒绝了："你找错人了，我来到这个公司里来并不是做套信封工作的。这并不是我的工作，我不干！"

柯金斯听了这话，虽然心里怒火中烧，但是他依然平静地对这位职员说："既然这不是你的工作，那么就请你另谋高就吧！"

要想在职场上游刃有余，取得成功，除了要把本职工作用心做好，还要尽力承担一些分外的工作。这样，你才能时刻保持斗志，在工作中使自己的能力得到锻炼，工作经验得到充实。除此之外，分外的工作也会让你得到更多的表现机会，让你把自己的才华恰当地表现出来，获得老板的关注、认同和重视。

美国一位年轻的铁路邮递员，原先和其他邮递员一样，用传统的方法分发着信件。其实大部分的信件都是这些邮递员凭借模糊的记忆捡选后发送的。因此，出错就是难免的，许多信件常常会因为邮递员记忆出现差错而无谓地耽误几天甚至几个星期。因此，这位年轻的邮递员研究出一种新办法。他发明了一种把寄往某一地点去的信件统一汇集起来的方法。这一件看起来很简单的事，对他的一生产生了深远的影响。他的图表和计划引起了上司们的广泛注意。很快，他获得了升迁。经过自己的不懈努力，6年以后，他成了铁路邮政总局的副局长，没过多久又被升为局长，从此踏上了通向美国电话电报公司总经理职位的仕途。他就是著名的西奥多·韦尔。

做出一些出乎人们意料的成绩来，尤其是主动承担一些额外的责任，关注一些本职工作之外的事——这就是韦尔成功的秘诀。

身为一名员工，应该多想想"我能为老板做些什么"，而不是"我必须为老板做什么"。

著名企业家彭尼曾经说过："只有你的工作能力超过了一般人的平均水平，你才具备了在高层工作的能力。"当你在工作中坚持做得比别人更多更彻底，而不是仅仅为了薪水而工作，一味地逃避责任时，你就会发现你的能力在不断地提升，而老板也越来越重视你。首先，比别人做得更多更深入，你的能力也会在一次次的实践中得到提升。其次，你将更容易赢得他人的认同和敬重，不管你从事什么行业，将有很多人喜欢与你共事。

西奥多·韦尔以及其他许多成功的人都明白这样一个道理：

当你所付出的超过了别人对你的期望，你将获得成功。这种额外的工作可以使人更加全面地了解自己所在的行业，与此同时就会获得众多的机会。

三、比老板更积极主动

　　假如你想要取得像老板那样的成就，唯一的办法就是要比老板更积极主动地工作，持续不断地寻找解决问题的办法，对自己的所作所为负起责任，并且不断地寻找解决问题的办法。

　　比老板更积极主动地工作，就是要无论在哪里工作，都把公司看做是自己的公司，把老板当成自己的合伙人。这样坚持下来，你的工作就能达到崭新的境界，为此你必须全力以赴。

1. 比老板工作更长的时间

　　作为员工，你不要吝惜自己的私人时间，一到下班时间就急着离开办公室，那样是不会得到老板的喜欢的，即使你的付出没有得到回报，也不要斤斤计较。除了把自己分内的工作圆满完成之外，尽量找机会为公司做出更大的贡献，让老板明白你有更大的价值。比如说，下班之后还继续在工作岗位上努力工作，尽力寻找机会拓展自己的职责范围，提升自己的业务水平，每时每刻都尽量彰显出自己对公司的重要性。

2. 在老板之前思考

每一种工作都有改进的空间，在老板提出问题之前，已经把答案奉上的行动是最受老板喜欢的，因为只有这样的员工才能真正分担老板的精神压力。工作交到老板手上后，他就不用再为此多费脑筋，可以让大脑有更多的休息或思考其他的事情。

但没有多少员工能做到这一点。或者说，有本事长期跟老板在工作上竞赛，并且能够打败对方的，差不多都能当老板了。

3. 不要轻易满足

老板的成功得益于点滴积累，从不满足。假如你想比他更出色，就应该时刻提醒自己不要轻易满足，让自己每天都站在别人无法达到的位置上，这样机会才会垂青于你。

四、用行动代替抱怨

我们每天都要全面地观察和认识我们所在的公司，关心它的成长，把老板为我们提供的资源充分利用起来，积极行动，而不是无休止地抱怨。

在公司里，经常会有员工抱怨自己的公司和老板，觉得公司没有规模，管理不完善，老板又太刻薄，不懂得识人用人。实际上，你所在的公司既然能够在激烈的市场竞争中生存下来，就说明它一定有自己的过人之处，或许是一种先进的管理模式，或许是一项高科技产品，又或许是一种团结一致的企业文化，这些都是你的人生发展中很宝贵的学习资源。尤其作为公司领航人的老板，他为你事业的发展提供了一个很好的平台，因此，我们应当感激自己的公司和老板。

　　小丽在一家公司做清洁工，她40多岁了，身体有些发福，手脚不是很勤快，但嘴巴却一刻都不闲着，经常与人搭讪，口袋里的电话也是天天响个不停，好像比公司的经理还要忙。

　　有一天，公司的一些员工聚在一起聊天，一个叫肖林的职员突然感叹道："我们连小丽都不如啊！"看到别人诧异，他又神秘地说："你们猜猜小丽每个月能赚多少钱？"

　　一个清洁工，薪水能有多高？于是大家七嘴八舌地讨论开了，有说1000的，有说2000的，但肖林只是摇摇头，伸出了4个指头。"

　　"4000，她每个月至少可以赚4000。"肖林笑着说。

　　"不可能吧？"人们都惊讶得不敢相信自己的耳朵。

　　"是她自己亲口告诉我的。"肖林笑着说，"小丽还说，做清洁工只是一个平台。我觉得她完全有能力做一个CEO了！"

　　原来，小丽借着到公司做清洁工的机会，打听公司里谁需要租房子，谁需要找钟点工，然后就当起了中介，收取中介费。另外，小丽还租了一套房子，并以月租金8000的价格转租给了一个日本公司的总裁。

　　小丽利用清洁工这个平台还延伸出一项业务——卖保险，公司里面为数不少的员工都已经跟小丽买了几万元的保险。

　　清洁工一定不是小丽钟爱的工作，没有人喜欢和垃圾打交道，但人们却听不到她的丝毫抱怨。她整合资源的能力的确不比任何一家公司的CEO差——她能够非常敏锐地发现利润来源、寻找合适的客户、选择有效的沟通方法以及适时地转变经营内容。她这种利用现有优势做好每一件手头工作的智慧的确值得我们借鉴。

那么，我们如何像小丽那样高效地运用现有资源，将手头的工作做好，而不是整天抱怨工作不够顺心呢？我们首要的任务就是认识自己的公司，找到它每一个值得我们学习的地方。

1. 对公司要有深入的了解

单单只是做好自己的本职工作是不够的，我们还应该抽出时间来在图书馆或网上查阅有关公司的信息，尽量多地了解一些情况，包括它的历史、规模、产品、盈利情况、管理人才以及经营理念等，特别是了解公司在整个行业中所处的地位，以及别人或者别人的公司对于自己所在公司的评价以及认可度。

2. 了解公司的背景

无论规模如何，任何一个公司都有它的背景，任何一个公司都有它的核心人物和故事，这些都是公司核心价值的体现，比如卓越的服务，商业策略上的竞争，曾取得的巨大的成功。通过这些故事本身，我们能够了解有关公司的许多事情，同时发现值得去思考去学习的地方。

3. 积极与同事团结合作

如果说公司是一个蚁穴，你就像其中一只微不足道的小蚂蚁，你自己的力量是有限的，只有一群蚂蚁联合起来，才能做出一番事业，所以，你不应该只关心自己的工作，同时应该明白同事如何工作。

4. 寻求强者的帮助

我们所说的强者不一定身居高位，他们有可能只是你的同事、同学、朋友等，他们在经验、专长、知识、技能等方面比你略胜一筹，他们或为你提供机会，或给予你物质上帮助，或带给你新的思想观念。强者的帮助，一来可以令你在危机时能够在第一时间找到强援，二来使你更容易脱颖而出，第三则是能够缩短你获得成功的时间。

对工作和老板的种种抱怨表明你对于自己所从事的工作已经失去了激情和兴趣，这个时候，你的敬业精神就会受到最大的考验。在这种情况下，你不妨提醒自己知足常乐，因为无论工作好坏，公司大小，你都已经开始奔向自己的前程，你所要做的，就是做好自己手头的工作，像小丽那样，充分地利用现有的资源，努力地开拓自己的事业，你会发现，成功其实就在不远的地方守候。

五、态度决定成就

　　比尔·盖茨认为，评价一个人做事的好坏，只要看他工作时的态度和精神就可以。如果一个人能够充满热情地工作，他就能够做到力求完美、精益求精；如果在工作中总是感到受了束缚，劳碌辛苦，没有任何趣味可言，那他肯定不会有大的成就。

　　那么，工作对你而言意味着什么呢，只是挣得薪水维持生活的劳动？还是一份追寻自己梦想的事业？一位智者曾经说过，人的一生中，可以没有很多的财富，也可以没有很高的名望，但不可以没有工作的乐趣。

　　我们在做自己喜欢的事的时候，很少感到疲倦。比如说在一个清闲的周末，你到河边去钓鱼，从早到晚整整在河边待了八九个小时，但是你一点都不觉得累，因为钓鱼是你的兴趣所在，从钓鱼的行为中你享受到了快乐。

工作是人生中必不可少的一部分。如果从工作中只得到了紧张、厌倦与失望，人的一生会多么痛苦啊！令自己厌倦的工作即使带来了名与利，这种光彩也是那样虚浮！带给自己工作乐趣的不是最后达到的工作目的，而应当是工作的过程。工作不仅仅是为了生存，它还会赋予人生活的意义，使自己的生命充满光彩。

约翰·弥尔顿曾经说过："一切皆由心生，天堂与地狱只不过在一念之间。"

你觉得你是什么样，你的思想就会在不知不觉中把你变成那样。你对工作表现得很消极，没有热情，那你就不可能在工作上取得任何成就。如果你认为自己的条件不足，能力差，你就会永远只是二流员工。自甘平庸的工作态度会让你的工作真正流于平庸。与之相反，假如你认为自己很重要，是第一流的人才，自己所从事的工作也非常重要，那么你很快就会迈上成功之路。你工作成就的高低直接取决于你工作态度的优劣。心理专家表示，一个长期认为自己的工作重要的人，会受到一种心理暗示，那就是能够把自己的工作做得更好，并且明白如何把工作做得更好。把工作做得更好意味着你将获得更多的金钱、更多的升迁机会以及更多的自我满足与快乐。

刘科在一家电脑公司担任业务主管，如今这家公司的生意相当红火，公司的每一个员工都对自己的工作充满了热情和骄傲。

然而，公司之前的情况却并非如此。那时候，公司里的员工们大多对自己的工作感到厌倦，甚至其中有很多都已经做好了辞职的准备。但是，刘科的到来使这一切都发生了改变，他对待工作充满了激情，这种精神状态感染了每一个人并点燃了他们心中的激情。

每天，刘科都会第一个到达公司，并微笑着与每一个同事打招呼。在工作中，他朝气蓬勃，容光焕发，他调动自己身上的潜力，开发新的工作方法。在他的带动下，公司的其他员工也都早来晚走，斗志昂扬，有时候忍着饥饿也舍不得离开自己的工作岗位。刘科这种激情四射的工作状态也获得了经理的认可，半年之后就被提升为主管。

在他的带动和感染下，员工们的工作状态大为改观，公司的业绩也节节攀升。

刘科的成功在于无论外界环境怎么样，他的内心始终对工作保持着火一般的热忱，始终激情四射、斗志昂扬地去工作，可以说，他骄人的业绩正是来自于他积极热忱的工作态度。

爱尔伯特·马德说："假如一个人在出色地完成自己的工作的同时，还能够借助极大的热情、耐心和毅力，将自己的个性与工作相结合，使自己的工作变得与众不同、独具特色，充满了强烈的个人色彩并令人难以忘怀，那么这个人就是一个真正的艺术家。而这一点，适用于人类为之努力的任何领域——经营旅馆或工厂，写作、雕塑或者绘画。将自己的个性与工作相结合，这是具有决定性意义的一步，是一个人打开天才的名册，将要名垂青史的最后三秒钟。"

态度决定一切，一个人工作成就的高低直接取决于他工作态度的优劣。你可以选择对自己的工作充满热情，也可以任由自己被被动和消极的情绪包围。既然你无法逃避自己的工作，那就应该积极地去对待它，像故事中的埃克一样，满腔热忱地投入到自己的工作中，使自己的生活充满热情和骄傲。

六、追求卓越，拒绝平庸

卓越并非尽善尽美。一味地追求完美可能会使你受挫，使你被削弱，而卓越却是一个使你尽己所能去做到更佳、不断前进的目标。在追求卓越的过程中，你可以不断地取得新的成就，不断地超越自己以往的成绩，从而让自己变得越来越强大。

石油大王洛克菲勒总是把自己账目里的钱精确到毫厘，用这种方法分析自己石油王国中存在的优势和劣势。对此，洛克菲勒的老搭档克拉克有自己的看法："洛克菲勒做事从来都是细致入微，有条不紊。我们的正当利益，哪怕是一分钱，该归我们就是我们的；反之亦然，对于客户，少给了一分钱，他也要还给客户。"

卓越是一种品质，不但包括做事认真、负责，还包括心思缜密，成功离不开卓越。拥有这种品质的人往往拥有主见，不随波逐流；并不贪图小的利益，坚持原则，恪守自己做人的原则；不但重视维护自己生活的节奏，宏观上来讲遵纪守法，对于个人来说则是拥有高素质，举止得体，衣冠整洁。

对工作而言，这种品质会造就一种使命感，让你对工作负责到底，鞠躬尽瘁，从不懈怠。

在很多人放弃的时候，另外一些销售员依然在拜访下一位顾客。他们可能没有销售技巧和经验，最初当顾客拒绝之时，他只懂得追问："你到底要不要买啊？"而经过很多次经验的积累，当顾客不买的时候，他已经懂得追问："你为什么不买呢？"他们已经懂得去寻找顾客为什么不买自己产品的原因，然后反省自己的销售方法，永远在不断地进步。其实不但改变的是他们自己的销售方法，改进的还有他们自己的心态、性格以及处世风格。这样的人最后总是会成功，因为他们充满激情，拥有行动力！他们了解顾客不去购买商品的原因，最终他们可以打动顾客。

第四章

公司就是你的船，像老板一样尽职尽责

公司是一艘大船，老板和员工就是船长和船员的关系。他们有着共同的生存环境，有着共同的前进方向，也有着共同的目的地，所有的事情，所有的人们都息息相关，不可分离。整条船的命运就是所有人的命运！你的一些小小的失误，说不定会破坏整个大船的航行，连带影响所有人的生活。所以，尽职尽责地做好本职工作，是你每天所必须做的事情。

一、公司就是你的船，做一名敬业的船员

公司就是一条在惊涛骇浪中奋力前进的大船，老板是船长，员工是水手，从登上这条船开始，员工的命运和老板的命运就在一起了。老板和员工有着共同的目的地，有着共同的前进方向，整条船的命运就是所有人的命运！

1997年6月，迈克尔·阿伯拉肖夫成为本福尔德号舰长，登船不久他便发现，船上的水兵士气消沉，不少人都讨厌待在这艘船上，甚至想赶快退役。但一年多的时间过去后，情况发生了根本性的改变。全船官兵团结一致，整个团队士气昂扬，本福尔德号成为了美国海军的一只王牌驱逐舰。

迈克尔·阿伯拉肖夫用什么魔法使得本福尔德号在这么短的

时间内就发生了翻天覆地的变化呢？其实概括起来就是一句看似非常简单的话："这是你的船！"

迈克尔·阿伯拉肖夫对士兵说："这是你的船，所以你要对它负责，你要与这艘船共命运，你要让它变得更好。在这条船上，所有属于你的事，你都要自己拿主意，你必须对自己的行为负责。"

从此之后，"这是你的船"就成了本福尔德号的口号。所有的水兵都把管理好本福尔德号当做是自己的职责所在。

上述故事中的迈克尔·阿伯拉肖夫便是《这是你的船》一书的作者，他曾经是美国导弹驱逐舰本福尔德号的舰长。假设你是本福尔德号舰船上的一员，不管你是水手还是大副，是通讯员还是机械师，想一想，你该怎样对待你的本职工作？照管好本福尔德号是不是就是你的责任和义务？其实不需要其他的理由，因为这是你的船。

作为公司的一员，不管你是促销员还是司机，是库管员还是会计，是部门经理还是技术开发人员；哪怕你仅仅是一名门卫，只要你在公司这条船上，你就该懂得要和公司共命运。你必须和公司所有的员工一起齐心协力，劈波斩浪，驶向目的地。只要你是公司的员工，公司这条船就属于你。你必须以主人的心态来管理、照料这条船，而不是怀有一种乘客的心态来逃避或者背离自己的责任。

如果你把自己当成乘客，那么，你对待公司就会有完全不同的态度。假如有一天，这条船出现问题，你首先想到的不是想办法解决问题，而是自己如何逃生。

在电影《泰坦尼克号》中，当船撞上了冰山即将沉没的时候，乘客们大多惊慌失措，四处逃生。但是船上的工作人员则不然，从船长到水手，都在有条不紊地进行着各种应急救生的工作，有的发SOS求救信号，有的放救生艇、救生筏，有的则指挥妇女儿童先上救生艇。当力所能及的救生措施都做完之后，船长回到他的办公室，整理好自己的制服，与其他誓死恪守自己岗位的船员们平静地选择了与泰坦尼克号同生共死！

在现实中，我们应当把公司当做一条满载希望和幸福，开往成功彼岸的船，无论你在什么职位，负责什么工作，你和船长都是一样的，一起担负着与舰船共存亡的责任。因为这艘船是我们生活和战斗的地方，自觉地维护它，保障我们的生命不受到威胁，是我们不可推卸的责任。

与公司生死与共，因为这是你的船！

企业就是在惊涛骇浪中航行的船，老板是船长，员工是船员，每一个人的利益都紧密相联。在企业大船航行的时候，每一个船员都要与老板风雨同舟，齐心协力，这艘大船才能安全到达目的地。

因此，你一定要敬业，把公司这艘船上的事当做自己的事情。敬业，就是把握自己的生存权。搜狐网络公司的总经理张朝阳曾经说过："我们公司任用员工的标准是敬业。我认为，一个人的工作是他生存的基本权利，有没有权利在这个世界上生存，就要看他能不能认真地对待工作。能力不是最重要的，即便刚开始能力差一点儿，只要有敬业精神，也可以慢慢提高的。假如一个人连自己的本职工作都做不好，那么做其他事情就更没有可信度了。把手头上的工作认真尽力地去做好，才有更好的、更大的工作等着你。这就是良性发展。"

　　敬业精神通常决定了一个人成就的大小。只有在工作中全力以赴、全心全意地投入，一个人的潜能才会得到充分挖掘，而增长的能力则会让兢兢业业工作的人获得不菲的收入。

二、不要成为薪水的奴隶

很多员工往往是"只顾低头拉车，没有抬头看路。"比如，很多人在选择工作和职业规划时，长挂在嘴边的话便是：

"据说这个行业现状特赚钱。"

"我的同学在某单位的年薪10万。"

"要想加薪就要考这个证。"

这种奔着薪水而去的态度，最终将会沦为薪水的奴隶。他们根本没有想好，自己是否真正热爱和适合正在做的工作。即便他们获得很高的薪水，仍然无法在工作中找到乐趣和成就感，更不用说持久的工作热情了。

诚然，工作是为了获得生存所需的报酬，但是比生存更可贵的，是在工作中发挥自己的才干，发掘自己的潜能，做正直而纯正的事情。如果说工作只是为了面包，那么生命的价值也未免太低俗了。

有些刚走出校园的年轻人抱有很高的期望值，认为自己一开始工作就应该获得丰厚的回报。他们总是喜欢互相攀比工资，每个月的薪资单成了他们衡量一切的标准。实际上，由于年轻人刚进入社会，无论工作经验还是职业经验都比较缺乏，是无法委以重任的，薪水自然也不可能很高，于是很多人都产生了一肚子的怨言。

不要仅仅为了薪水而工作，因为薪水只是工作的一种回报方式，尽管是最直接的一种，但也是最短视的。人生的追求除了满足生存需要外，还有更高层次的动力驱使，更高层次的需求。不要错误地认为自己工作就是为赚钱——人应该有比薪水更高的目标。一个人工作只是为了薪水，没有更高尚的目标，并不是一种好的人生选择，最终受害的不是别人，而恰恰是他自己。

生活的质量由工作的质量决定。不管薪水多寡，工作中积极进取、尽心尽力，能使自己的内心获得安宁，事业成功者与失败者之间的不同之处往往也在于此。身价过亿的"小超人"李泽楷曾经劝勉年青人，在选择事业时候不要太着眼于薪水，应讲求个人兴趣和理想，他说："当然要讲求实际生活需要，但只顾想着薪水何时才可以买车买楼的话，只会成为薪水的奴隶。"

李泽楷曾表达过如下想法：当我小的时候，对身边的食物都充满兴趣，希望有一天能成为厨师；看到升降机时，便对它产生兴趣，希望有一天可以负责控制升降机；看到"的士"

时，又想过要当"的士"司机；长大后，看到跑车，又很希望做赛车手。

不过，对各种事物都感兴趣的李泽楷，还是选择了从事与高科技有关的事业。回想10年前他建立卫星电视初期，外界曾质疑他的计划是否赚钱，李泽楷很庆幸自己当时没有太看重风险和金钱回报，否则卫星电视今天也不会遍及全球63个国家和地区，而在亚洲更有1亿多人收看。

三、与老板同舟共济

大家都知道，一条船在惊涛骇浪的大海上航行，船上的任何一个人都不可能独自逃生。

在美国海军陆战队，经常会听到"同舟共济"这个词语。每一个海军陆战队队员都明白，自己必须与长官、战友生死与共、同舟共济，否则牺牲的可能性就会大大提高。

企业就如同一条航行在波涛汹涌的海面上的大船，它需要所有的船员（员工）齐心协力，全力以赴把船划向成功的彼岸，同时，这条船也保护着它的船员（员工），避免他们落入海中。大船一旦沉了，很多人都会失去工作，很多家庭的收入也会因此受到影响，这虽然没有送命那么严重，但是同样会使人痛苦。

在企业这条大船上，船长也就是老板。这个职位不仅仅给予了他权力和地位，同时也使他承担起相应的责任。他要考虑船的前进方向，要随时警惕船触到暗礁或冰山，要保障船员的利益和安全。所以，我们应当尽职尽责地做好自己的本职工作，同时尽力为老板分担压力，与老板同舟共济，让企业这条船平稳快速地在大海上前进。

　　小刘和小张是大学同学，毕业后一起来到南方的一个城市寻找机会。后来，他们俩通过招聘会到了同一家计算机软件公司，工作内容是某种办公软件的设计开发。这家软件公司的规模很小，是国家允许注册该类公司中最小的，营业执照上写得清清楚楚：注册资金10万元，连老板在内也只有那么不到10个人。他们之所以应聘了这家公司，一是背井离乡急于安身，二是因为老板许下了日后分股的承诺。老板也是个年轻人，看上去柔柔弱弱的一副书生模样，态度很诚恳。但是真正进了这家公司才知道，那10万元的注册资金可能有水分，仅从他们的办公条件就能够看出来：一间破旧的地下室，潮湿，阴暗，见不到阳光。每逢下雨天，顺着天花板就往下漏雨。更大的窘境是，虽然他们的产品市场前景不错，但资金的瓶颈随时有可能将美好的梦想扼杀于萌芽状态。另外，产品还没有品牌，只好赊销，回款非常困难，资金储备少，有时连员工的工资都无法按时发放。几个月后，小张动摇了，劝小刘也不要干了。好公司有的是，为什么要在这一棵树上吊死？股份？公司都快开不下去了，哪里还有股份给你？

　　没过多久，公司资金链条断裂，濒临绝境，剩下的几个人也都纷纷离去了，只剩下小刘和老板两个人。看着老板年轻而憔悴的眼神和孤独而坚定的背影，小刘反而更加坚定，他原本也是个不会轻易认输的人，此时，他抱有和老板相同的使命感，他想现在自己唯一能够做的就是和老板风雨同舟，充分发挥自己的才智，做出完美的产品来。

几个月之后，老板终于筹措到了新的资金，公司重新开始运营。而且产品质量好，买家也愿意先付款了，公司局面开始慢慢好转。接着，他们又成功地说服一家实力雄厚的投资公司出资，帮助他们推出了一种早就被他们认定具有广阔市场前景的新型办公软件。他们一门心思地扑到新软件的研制中去，半年后终于成功设计出了完美的产品，产品上市后果然供不应求，他们终于掘到了自己的第一桶金。紧接着，公司开始招兵买马，规模不断扩大，短短的几年下来，就成为行业内大名鼎鼎的软件公司。小刘也顺理成章地成为公司的副总兼技术总监，月薪2万元。

老板回首往事，感慨万千。他曾经问小刘："小刘，你知道我为什么能挺过来吗？"小刘说："因为你是打不垮的，否则我也不会留下来。"老板摇摇头："不，其实当员工都纷纷离我而去的时候，我就想关门了。我从不怀疑自己的能力，但我当时已经相信谋事在人、成事在天的说法了。可是你让我找回了信心，我想只要有一个人留下，就证明我还有希望。谢谢你！在我就要倒下的时候，总有你这双手在拽着我走。我知道，当时如果你走了，我肯定崩溃了！"为了感激小刘，老板给了他公司40%的股份。

　　从上面的故事中我们可以看出，一个勇于与老板风雨同舟的员工是多么的难能可贵。而只有这样的员工，才能更易获得老板的认可，也更有机会创出事业来。

四、公司是船员工是帆，与企业一起乘风破浪

假如你想进入一个企业，那么你就一定要谨慎地选择。因为当你选择一个企业并且要成为它的员工的时候，就意味着你踏上了一艘船，从此你的命运就和这艘船的命运牢牢地拴在一起。如果把企业比作是船，那么你就是水手，因此让船乘风破浪，安全前行，是你不可推卸的责任。如果遇到了风雨、礁石、海浪等种种风险，你都没有任何理由选择逃避，而应该竭尽全力使这艘船安全靠岸。

知识经济时代的大背景要求每个员工都与企业一起背负盈亏，一个优秀员工的最高要求也是如此。一个成功的企业，都是很能够吸引人才的企业，而吸引人才的多少往往可以决定一个企

业发展的高度。作为员工，你要关注企业的发展，因为你所在的企业的发展与你本身的发展是相互关联的。

你想要得到好的发展，就需要和企业一起共患难，不能仅仅限于企业约束你的规定，比如要求你不能迟到和早退。这都是一个普通员工应该遵守的，如果你要做一个优秀的员工，就必须了解自己的企业倡导什么。最好深入了解为什么自己的企业会形成这样的原则，这样可以帮助你在这个企业完善自己的行为模式。现实中的例子都教给我们一个事实，只有真正融入一个企业，才可以与企业共患难，同甘共苦，才会在企业中如鱼得水，取得赏识。如果你不能主动追求与自己的公司一起开拓疆土，共患难的话，你不仅不会得到发展，还会使企业的发展受到制约，最终的结果只能是被企业淘汰出局。

很多世界上知名的大企业都会把"让员工和企业一起乘风破浪"作为自己在市场竞争中赢得优势的重要手段。美国最有影响力的《时代周刊》就曾经这样评价过IBM公司：没有任何一家企业能够这样对世界产业和人类生活方式带来和将要带来如此巨大的影响。事实上，这恐怕也是对一个企业的最高评价。探究IBM成功的原因，其实也就是关心和积极帮助员工个人成长，同时把员工自身价值的实现与企业的发展有机地结合了起来，"让员工和企业一起乘风破浪"，才是IBM之所以成功的真正奥秘。

就每个职工而言，与企业同甘共苦，是一种神圣的责任。如果想做一个称职的员工，那么你就需要这么去做。如果你是一个对工作不负责任的员工，你的企业可能会因为你的失职而受到重大损失，就像一艘轮船因为一个水手的过失而沉入大海。这样的代价是沉重的，这艘船上的所有人都要因为你的过失而葬身鱼腹。因此，为了避免这种情况的发生，你在任何时候都应该和船上的人共患难，把这艘船视为自己的生命之舟。不管遇到什么样的情况，作为一个员工，你应该负起自己的责任，与自己的企业共患难，同进退，一心一意地做好自己分内的工作。

如今的社会充满激烈的竞争，因为正处于市场经济的大条件下。对于一个企业来说，想要在这种没有硝烟的战争中取得胜利，它需要员工和它一起乘风破浪。只有在这种员工的共同努力下，企业才可以不断向前发展。

假如说一个企业的每一个员工都不居于人后，想要通过拼搏展现自己的能力，发挥自己的作用，实现自己的价值，那么这艘企业大船就可以行驶得一帆风顺，即使遇到风浪也不会恐惧。

如果员工想与企业一起乘风破浪，那么就必须主动参与企业的一切活动，甚至是变革。事实上，在市场经济变革的过程中，有的企业面对改革的深化总是畏首畏尾，始终不敢踏出第一步，最后往往会错失发展的良机。而永葆生命力的最可靠的保证就是不断进行创新，不断变革。"与企业一起乘风破浪"，企业所推崇的其实也就是每个员工必须做到的。而对于任何一个企业而言，企业员工的变革意识和变革能力其实也就直接决定着企业变革的成败。因此，如果你要想成为一个好的员工，那么你就必须主动参与变革。

公司是船，员工是帆，与企业一起乘风破浪，与企业共命运，既是企业对员工的要求，同时也是一个员工成长的必要条件。如今商业社会到处充满了竞争，充满了变化，所以员工必须要站在企业的角度，从而顺应时代的变化，与企业一起完成成长过程当中的蜕变。

五、公司是员工生存和发展的平台

事实上，公司和员工是一个共生体。公司的成长，其实要依靠员工的成长来实现；员工的成长，也要依靠公司这样的平台。公司兴，员工兴；公司衰，员工衰。无论是微软还是IBM，所有成功的公司都是这样。

公司就是一个平台，一个给全体员工提供生存和发展的平台。而公司之中的每一个人，不管是老板还是员工，其实都是在这个平台上履行着自己的职责，发挥着自己一定的作用。任何一个人离开了这个平台都无法施展自己的才华，就像是演员离开了舞台一样。

一个寒冷的冬天，徐斌和自己的同事们像往常一样在铁路的工地上工作。他们的总裁前来视察他们的工作状况，而这位叫做韩亮的总裁是徐斌很久之前就认识的老朋友了。徐斌和韩亮交流得很愉快，然后拥抱告别。这对老朋友显得很是亲切，这引起了徐斌同事的好奇。他的同事问："你们之前认识？"徐斌说："我们曾经都是一起为这条铁路工作。"

这使得同事们更好奇，就问徐斌："为什么他已经成了总裁，而你作为他的朋友，还是和以前一样没有任何进展呢？"徐斌不无遗憾地说："当年，我只是为了一小时不到10美元的薪水工作而已，可是他一直在为这整条铁路而工作。"

其实在职场上有很多像徐斌一样的人，他们仅仅是把公司当成一个完成工作的地方，工作只是为了自己的那份薪水，所以他们总是会盘算：我为老板做的工作和他支付给我的工资应该是等价的，只有这样才公平。事实上这样短浅的目光不仅仅使他们在工作中充满了痛苦，而且使他们丧失前进的动力。但是韩亮却不同，他在徐斌为了一小时不到10美元的薪水而工作的时候，就把整条铁路当成了自己的奋斗目标，同时把工作看成一个自身生存和个人发展的平台，这样一来，原本卑微单调的工作就成了事业发展的一个契机和平台。

真正优秀的员工就应该像韩亮那样，把公司看成是一个实现自身价值的地方，总是与老板站在同一个立场之上，然后自觉地维护公司的利益，建设和发展公司这个平台，只有这样公司才会越来越大，越来越好，从而为员工创造更多的机会，并且提供更大的发展空间。

能力锻炼远比薪水重要得多，一个公司的存在为你能力的提升和事业的发展提供了更多的机会。当你的能力得到老板的认可和赏识的时候，老板一定会付给你更多的薪水。事实上，很多杰出的经理人所具有的创造能力、决策能力以及敏锐的洞察力并不是与生俱来的，而是在长期的工作当中学习和积累获得的。

由此可见，公司不仅仅是员工之间互相交流和协作的平台，同样也是员工学习和展示才华的平台，唯有从这个意义上认识公司，你的职业生涯才更加有意义，你才能够将工作视为事业发展的一个契机，而不是简单的劳动与薪水的交换。

六、真心真意维护公司利益

有关美国军政人员的传记或者新闻、电视、电影当中，我们常常会看到或听到这样一句话："为了美国的利益。"这是美国人的行为准则，同时也是他们解决争端以及分歧的处理原则。于是，"为了美国的利益"，从而也成就了无数美国人的英勇卓越，成就了他们的光荣与梦想，鼓舞、激励着他们走向辉煌的人生。

为了公司的利益，你是不是也能够实现自己的超越呢？

从湖南到深圳创业的李先生，现在是一家大型食品公司的董事长。经常有人会问起他的"成功的历程"，每当涉及到这个话题，李先生总是给人讲一个故事：一个信念成就了一个小伙子的事业，也让他在十几年间从一个不经世事的毛头小伙子成长为了一个拥有亿万资产的老板级人物。这个信条就是"一切为企业着想。"

最初，和李先生一起从老家来的还有十几个伙伴。但是在一开始，李先生就与其他人不同，因为他抱定了一个信念，这个信念就是上边说到的信条，李先生说："我觉得多为企业做事，最后我们自己也并不吃亏呀。"在工作期间，李先生其实也不是没见过自己的同事偷懒耍滑，更有甚者偷盗公司财物，但他自己独善其身，不为所动。他除了做好自己份内的工作之外，经常会主动地去做一些其他的工作，比如为厂里整理一下杂物，打扫一下车间卫生，回收一些可以利用的废物。李先生一路走过来，即使换了工作还是始终坚持多为企业着想的做法，以至于他所工作过的企业，几乎没有人不被他这种行为所感染，很多人都受到过他的鼓舞。到现在，他其实还是坚持用这样的理念勉励和教导员工。

为企业着想，说白了也就是为自己着想。为企业着想能够焕发出自己的热情、责任感，早晚会成就你。尽管这种热情和责任感有时得不到相应的回报，但请你一定要相信：是金子总是会发光的，只要你能够坚持下去，机会一定会垂青于你。

有这样一个故事：

一位中国游客在日本东京逛街的时候买了一件松下牌的小型家用电器，返回住所的时候正值下班高峰。他想，这个时间乘地铁的话，别说坐，就是连站的地方恐怕都没有了。可是出乎意料的是，他刚一进入地铁车箱，尚未站稳脚跟，一位漂亮的姑娘就马上起身向他深鞠一躬："先生，您请坐！"

中国游客受宠若惊，连忙还鞠躬之礼，并用熟练的日语说："谢谢你的好意，小姐，我可不敢当，哪里有女士给男士让座儿的道理？"

姑娘又执著地深深鞠了一躬："谢谢您，中国朋友，您不远万里来购买我们公司的产品，本来就应该受到礼遇！"

中国游客这才醒悟过来，话已至此，他没有办法推辞，于是就恭敬地还礼落座了。但是这位中国游客还是很纳闷，又问道："请问小姐，您是怎么知道我是来自中国的？"

姑娘嫣然一笑："是您手表上的汉字告诉了我。"

前后不过两分钟的时间，秀丽的日本姑娘的形象便在这位中国游客和她的同胞眼中变得高大无比。

上述故事中的日本姑娘，她对公司形象悉心呵护的一个善举，可以让所有耗费巨资的广告都黯然失色。这位普通的松下员工在维护和塑造企业形象的同时，也赢得了人们的尊重。

不错，既然公司给了我们一个工作舞台，我们就应该最大限度地发挥自己的潜能，一起为公司着想。作为一个积极主动的员工，一定要时刻想着为公司多做点什么。尽量多做一点事，绝对不会把你累垮的。其实这样积极主动、自动自发的工作习惯，只会对你有益处，它会使你更加敏捷，更加积极。

一名员工要想发展自己，必须要将个人命运与企业发展密切相连，恪尽职守、忠诚事业，无私奉献自己的聪明才智和辛勤汗水，只有这样我们的自我价值才能最大限度地得以体现。

　　真心真意对公司，事事都替公司着想，时时刻刻维护企业的形象，这其实并不是一句口号，更不在形式，而在于内容，要在执行中所表现出来。

第五章

凡是老板，首先都是金牌员工

没有哪个人生下来就能当老板。大多数老板都有过给别人打工的经历，无论具体情况如何，有一点是可以肯定的，凡是成功的老板，他当初打工时一定是个敬业爱岗的好员工。明白了这一点，那么你要向老板看齐，就首先做一个敬业的好员工，这是对你现在老板的一种支持，也是对你未来事业的铺垫。

一、忠诚，员工的首要义务

任何一个团队都需要一个核心，更重要的是，在这个团队中的每个成员，都要忠实于这个核心。只有这样，这个团队才不会是一个涣散的团队，才是一个名副其实的团队。美国将军麦克阿瑟曾经在第二次世界大战时说过这样一句话："士兵必须忠诚于统帅，这是义务。"

对核心的忠诚，是整个团队战斗力的关键所在，有了这种因素，团队才能得以实现目标。忠诚会形成一股巨大的凝聚力，使得这个团队可以变得无坚不摧，战无不胜。

对于一个公司而言，每个员工都必须要对自己的领导者保持忠诚。这是确保公司这个团队良好运行、健康发展的关键因素。拿破仑有一句话的大意是这样子的：如果一个士兵不忠诚，那么这个士兵就失去了当士兵的资格。我们同样会了解到，如果一个员工不再具备忠诚的品质，那么就失去了做员工的资格。

对此，美国海军陆战队士兵手册中有一段对忠诚十分精彩的解释是这样说的："对于军队的忠诚，实际上是一种不谈条件、不讲回报的态度。这样的态度是一个士兵应该尽的义务和背负的责任。我们应该把忠诚看做是一种操守，作为人生最重要的品质。首先海军陆战队不会给你什么，但是作为士兵你要对自己的军队绝对忠诚，你给了自己的军队绝对忠诚，换来的将会是军队给你的终生荣誉！"

或许有人不禁要问：忠诚为什么不谈条件？因为忠诚是一种与生俱来的义务。如果你是一个国家的公民，你就完全有义务忠诚于国家，因为国家给了你安全和保障；如果你是一个公司的员工，你就完全有义务忠诚于公司，因为公司给了你发展的舞台；如果你是一个老板的下属，那么你就有义务忠诚于老板，因为老板给了你就业的机会；如果你在一个团队中担任某个角色，那么你也就有义务忠诚于自己的团队，因为团队给了你可以展示才华的空间；如果你和搭档共同完成任务，那么你就有义务忠诚于搭档，因为搭档给了你支持和帮助……所以说，忠诚并不是讨价还价，忠诚是作为社会角色的基本义务。

为什么忠诚不讲究回报？因为真正的忠诚其实是一种发自内心的情感，这种情感就像是对亲人的情感、对恋人的情感那么真挚。事实上，对祖国忠诚，其实正是因为你热爱祖国；对公司忠诚，正是因为你热爱公司；对老板忠诚，正是因为你对老板心存感激；对自己同事忠诚，正是因为你对同事那份发自内心的信任。

每一位优秀的员工都应该非常地清楚，首先公司根本不会给你什么，但是如果你给了公司绝对的忠诚，那么公司一定会回报你，包括薪水以及荣誉。忠诚与回报，其实也不一定成正比，但是一定是同步增长的，通常忠诚度越高的员工，其创造的价值就会更多，同样其获取的回报也肯定会越多。

员工的忠诚和士兵的忠诚不一样，士兵的忠诚是绝对的，士兵必须要忠诚于统帅，这是因为统帅代表着国家和军队。员工对公司的忠诚是必须的，可是并不是无条件的、绝对的和盲目的。通常来说，员工忠诚的是一个对自己的生存、发展、自我实现有助益的领导者，一个对公司有责任感的领导者，一个可以独自担当得起公司生存和发展重任的领导者，一个可以让公司健康运行的领导者，一个关心员工、能够为公司奉献的领导者，一个有企业家精神的领导者。唯有对这样的领导者，忠诚才是有价值的，这样的领导者才不会辜负员工的满腔忠诚。

以下是员工忠诚于公司的10个理由，你可以从中懂得忠诚不光是一种义务，它的最大受益人正是你自己。

（1）你是公司的员工。

（2）公司给了你一个饭碗，一个让你事业发展的契机，一个能够施展才华的舞台，你理所应当懂得感恩。

（3）唯有忠于公司，你才能得到公司忠诚的回报。

（4）公司发展了，你所得到的回报将会更多。

（5）忠诚能够赋予你工作的激情，唯有忠诚的人才可以享受工作带来的乐趣，并不觉得它是苦役。

（6）唯有忠诚于公司，努力为自己的公司工作，你的才华才不会被浪费，不会贬值退化。

（7）唯有忠于公司，你的个人价值才会更好地展现出来。

（8）忠诚其实就是造就你的职业声誉和个人品牌最重要的因素。

（9）唯有忠诚的人，才可以在公司中找到自己的归属感。

（10）不会有人喜欢不忠诚的人，没有哪一个老板欢迎不忠诚的员工。

二、忠诚胜于能力

这个世界上并不缺乏有能力的人，但唯有那种既有能力又足够忠诚的人才是每一个老板梦寐以求的理想人才。通常来说，老板宁愿相信一个能力差一些却足够忠诚敬业的人，也不愿意重用一个朝三暮四的人，哪怕他能力非凡。在一项对世界著名企业家的调查当中，当被问到"你认为员工应具备的品质是什么"的时候，他们无一例外地都选择了"忠诚"。

忠诚其实是最值得重视的职业美德之一，因为每个公司的发展和壮大都是员工的忠诚促成的，假如所有的员工对公司都不忠诚的话，那么这个公司的结局一定是破产，而那些不忠诚的员工自然也会失业。

事实上，没有哪一个公司的老板会用一个对公司不忠诚的人。"我们都需要忠诚的员工。"这才是老板们共同的心声。老板都知道，员工的不忠诚会给公司带来什么样的后果。所以说，只要自下而上地做到了忠诚，就能够壮大一个公司，相反的话，或许会毁掉一个公司。

现如今越来越激烈的竞争中，人才之间的较量，已经从单纯的能力较量延伸到了品德方面的较量。在所有的品德当中，忠诚越来越受到组织的重视，从某种意义上来说，忠诚就是一种能力，只有忠诚的人，才会有资格成为优秀团队中的一员，才能够更好地发挥自己的能力。

王磊是一家网络公司的技术总监。因为公司改变了发展的方向，他认为这家公司现在已经不再适合自己，所以就决定换一份工作。

以王磊的资历和在业界的影响力，再加上原公司的实力，找份工作并不是件困难的事情，已经有很多家企业盯上他了。事实上，很多公司都向王磊抛出了令人心动的条件，可是在优厚条件的背后总是隐藏着许多别的东西。王磊心里明白这是为什么，但是他却不肯因为优厚的条件就背弃自己一贯坚守的忠诚原则，于是拒绝了很多家公司对他的邀请。

最后，他决定到一家大型企业去应聘技术总监的位置，这家企业在业内有相当大的影响力，有很多的IT业人士都希望能到这家公司来工作。

对王磊进行面试的是这家企业的人力资源部主管和负责技术方面工作的副总裁。对王磊的专业能力他们并无挑剔，但是他们提到了一个使王磊很失望的问题。

"我们非常欢迎你来到我们公司工作，你的能力和资历其实都是非常不错。我曾经听说你以前所在的公司正在着手开发一个新的适用于大型企业的财务应用软件，而且据说你还参与了其中很多非常有价值的工作，所以我们公司也策划这方面的工作，你能不能透露一些你原来公司的情况？这对于我们非常重要，而且这也是我们为什么聘请你的一个原因。请你原谅我说得这么直白。"该公司的副总裁这样说。

"你们问我的这个问题很令我失望，看来市场竞争的确需要一些非正当的手段。不过，我也要令你们失望了。不好意思，我有义务忠诚于我的企业，任何时候我都必须这么做，就算是我已经离开。与获得一份工作相比，忠诚对我来说更重要。"王磊说完就起身离开了。

王磊的朋友们都替他惋惜，因为能到这个企业工作其实是很多人的梦想。但是王磊并没有因此而觉得可惜，他为自己所做的一切感到坦然。

没过几天，王磊收到了来自这家公司的一封信，信上写道："你被录用了，不光是因为你的专业能力，更是因为你的忠诚。"

这家公司在选择人才的时候，一直都非常看重应聘者是否忠诚。他们也始终相信，一个对原来公司忠诚的人也可以对自己的公司忠诚。所以通过这次面试，有很多的人都被刷掉了，其实就是因为他们为了获得这份工作而丧失了对原来公司的忠诚。这家公司的人力资源部主管认为，一个人不能忠诚于自己原来的公司，人们很难相信他会忠诚于别的公司。

其实，一个人的忠诚不但不会让他失去机会，还能够让他赢得更多的机会。另外，他还会同时赢得别人对他的尊重以及敬佩。人们或许早已意识到，取得成功最重要的因素其实不是一个人的能力，而是由于他优良的道德品质。所以阿尔伯特·哈伯德才这样说："如果能捏得起来，一盎司忠诚相当于一镑智慧。"

三、工作意味着责任

工作就意味着责任。责任是一名员工的立身之本，可以这么说，一个人放弃了工作中的责任，就意味着放弃了他在工作中更好生存的机会。忠诚负责地对待自己的工作，不管工作是什么，重要的是你是不是做好了你的工作。

只有那些能够勇于承担责任的人，才会赢得老板的赏识，才有可能被赋予更多的使命，更有资格获取更大的荣誉。通常一个缺乏责任感的人，或者是一个不负责任的人，首先失去的是社会对他的基本认可，其次则是失去了别人对他的信任与尊重，甚至失去了立身之本——信誉和尊严。

当我们清醒地意识到自己的责任时，要勇敢地扛起它，这样不管对自己还是对于社会都将问心无愧。而那些放弃承担责任，或者是蔑视自身的责任的人，就等于在可以自由通行的路上自设障碍，绊倒的也只能是他自己。所以说，人可以不伟大，人也可以清贫，但人不可以没有责任。无论在任何时候，我们都不能放弃肩上的责任，扛着它，就是扛着自己生命的信念。

一个人对责任感的强弱决定了他对待工作是尽心尽责还是应付了事，而这其实又决定了他工作业绩的好坏。假如你在工作中，对待每一件事都是出现问题时绝不推脱，而是设法改善，那么你将赢得足够的尊敬和荣誉。

"受人之托，忠人之事"。工作就意味着责任，你占有了一个岗位，就等于剥夺了别人占有该岗位的机会；如果你不尽责，等于也剥夺了老板得到更尽责人的机会。我们看"责"字：上面三横象征天地人，一竖是贯通的意思；下面贝字可以理解为宝贵、财富、报偿。由此我们可以理解为：有责任心的人，是天地间最宝贵的财富，也会获得最大的报偿。

责任感是我们在工作中战胜种种压力和困难的强大精神动力，它能够使我们有勇气排除万难，甚至能把看似不可能完成的任务完成得相当出色。责任感与责任不同。责任指的是对任务的一种负责和承担，而责任感则是一个人对待任务、对待公司的态度。责任感是简单而无价的。如果失去责任感，就算是做自己擅长的工作，也会做得很差。

2011年12月，某公司的营销部经理带领一支队伍参加某国际产品展示会。开展之前，包括展位设计和布置、产品组装、资料整理和分装等有太多事情需要安排和完成，不得不加班加点地工作。可营销部经理带去的那一批工作人员中的大多数人，却和没事人一样，一到下班时间都溜回宾馆或去逛街。经理希望大家能留下来一起赶工，谁知他们竟然说："已经到下班时间了。"更有甚者还说："你也是打工仔，不过职位比我们高一点儿而已，何必那么卖命呢？"

开展的前一天，公司老板亲自来到展场检查展场的准备情况。到达展场，已经是下班时间，可是老板却发现营销部经理和另一名员工正挥汗如雨地趴在地上，细心地擦着装修时粘在地板上的涂料。但是显然光凭他们两个人估计要通宵才能完成。营销部经理站起来对老板说："我失职了，我没有能够让所有人都留下来参加工作。"老板拍拍他的肩膀，没有责怪他，而指着另外一名员工问："他是你要求留下来工作的吗？"

经理说，"他是主动留下来工作的，在他留下来时，其他员工还冷嘲热讽：'别卖命啦，老板不在这里，你累死老板也不会看到啊！还不如回宾馆美美地睡上一觉！'"

老板听了经理的这番话，招呼他的秘书和其他几名随行人员加入到工作中去。展会结束后，老板将那天晚上没有参加工作的所有工作人员开除了，同时，将与营销部经理一同坚守岗位的那名普通员工提拔为分公司的经理。

那些被开除的员工很不服气，纷纷来找经理理论。"都已经下班了，不能强迫加班，我们不就是多睡了几个小时的觉吗，凭什么处罚这么重？而他不过是多干了几个小时的活儿，凭什么当经理？"显然，他们说的"他"就是那个被提拔的员工。

经理对他们说的是："用前途去换取几个小时的懒觉，是你们的主动行为，没有人逼迫你们那么做。通过这件事情不难推断，你们在平时的工作中也经常偷懒。他虽然只是多干了几个小时的活儿，但据我们考察，他一直都是一个负责任的人，虽然下班了，但是眼看展会第二天要开始了很多工作还没完成，留下来加班是负责任员工的表现，提拔他，是对他过去默默工作，把工作当成一份责任而不是敷衍的回报！"

一个拥有责任感的人，往往具备以下三个特征：

第一，有一种主动承担责任的精神。

第二，总是会为他所承担的事情付出心血、劳动和代价，他会为达到一个尽善尽美的目标付出自己的全部努力。

第三，始终是一个善始善终的人。

因为责任意味着承担，同时也意味着付出代价。

当事情出现危机的时候，依然不放弃责任的人，才算得上真正拥有责任感的人；当情况于己不利，自己有可能付出代价的时候，勇于为事情的结果付出代价的人，这才是真正有责任感的人。

李嘉诚曾经说过："衡量成功的标准其实并不是看你向社会索取了多少，而是看你为社会贡献了多少！"所以说一定要将责任根植于内心，让它成为我们脑海当中一种强烈的意识，在日常生活和工作当中，这种责任意识同样会让我们表现得更加卓越。

我们也常常可以看到这样的员工，他们在谈到自己的公司时，使用的代词经常都是"他们"而不是"我们"。"他们业务部怎样怎样了"，"他们财务部怎样怎样了"，这是一种缺乏责任感的典型表现。这样的员工其实至少没有一种"我们就是整个机构"的认同感。

四、让责任成为习惯

我们或许都听过这个故事：

古希腊雕刻家菲迪亚斯被委任要雕刻一座雕像，而当菲迪亚斯完成雕像后要求支付薪酬的时候，雅典市的会计官却以没有任何人看见菲迪亚斯的工作过程为由拒绝支付薪水。菲迪亚斯反驳说："你错了，你们没看见，上帝看见了！上帝在把这项工作委派给我的时候，他其实一直在旁边注视着我的灵魂！他知道我是怎样一点一滴地完成这座雕像的。"

菲迪亚斯相信自己的雕塑非常完美，因为他相信自己的努力，更相信上帝一直在看着自己的努力。事实证明菲迪亚斯是正确的，这座雕像在2400年后的今天仍被人们所敬仰，所欣赏，它依旧伫立在神殿的屋顶上。

在菲迪亚斯自己看来，上帝赋予他的伟大使命就是雕刻雕像，他不但充分展示了自己的雕塑才华，出色地完成了使命，并且主动把自己的使命意义弘扬出去，向所有人传达。

"使命"这个词起源于拉丁语，原本的含义就是"呼唤"。因此"使命"讲述了工作的实质——以你为目标对象的呼唤，然后表达你的使命，看你想对世人弘扬什么精神。

在1968年墨西哥城奥运会的马拉松赛跑比赛当中，约翰·亚卡威最后一个跑到终点。他来自非洲坦桑尼亚，当晚7点30分，约翰才最后一个人跑到终点。因为他在赛跑过程当中不慎跌倒，摔伤了自己的腿，然而他没有放弃，拖着自己摔伤的腿完成了比赛，当时他的腿还在流血，就这样一拐一拐地跑完了全程。虽然马拉松跑完全程的每个运动员都会耗时很久，但他是最长的一个。当他跑完全程，看台上只剩下不到1000名观众，他到达终点时，全体观众起立为他鼓掌欢呼。随后有人问他："你为什么不放弃比赛呢？"

这位伟大的运动员回答说："祖国派我来参加这个比赛，不仅仅是为起跑而已，你要知道我横跨了3000多公里。我既然来此参加，就要完成整个赛程！"

不错，他肩负着国家赋予的责任来参加比赛，尽管拿不到冠军，但是强烈的使命感让他不允许自己当逃兵。

所以说，责任就是做好你被赋予的任何有意义的事情。

责任关系到安危成败，从而关系到生死存亡……如果没有了责任，那么这世上的任何东西也就没有了保障。

社会按部就班，人们有条不紊，秩序井然，一片祥和，就像日升日落一样自然。需要指出的是，这一切都建立在每一个人都坚守了自己的责任之上，需要每一个人都尽职尽责地站好了自己的那一班岗。当责任成为了我们的一种习惯，我们每天遵守着它，细心呵护着它，才有这个世界的宁静与和谐。假如一个人放弃了自己对社会的责任，或者是蔑视自身的责任，那么也就意味着他放弃了自身在这个社会中更好的生存和发展机会；相反，假如他勇于承担责任，在任何时候都坚守住自己的责任，负起自己的责任，那么就会为社会、为企业也为自己带来发展的机会。我们对于老板的企业，同样负有一种责任，并且，我们还应努力地将这种责任培养成一种习惯，时时刻刻、兢兢业业地创造着企业的未来，更创造着我们自己辉煌的未来。

五、清楚责任才能更好地承担责任

在工作当中，员工要更好地承担责任，首先就应该清楚自己在整个公司处于什么样的地位，在这个位置应当做些什么，然后把自己该做的事情做好，唯有这样，才可以更好地履行自己的职责，更好地与他人合作。唯有这样才算是为公司承担责任，才谈得上是有责任感。

所以说，只有认清了自己的责任，才会知道究竟怎样承担责任，正所谓"责任明确，利益直接"。通常在一个公司的组织当中，每一个部门、每一个人都有自己独特的角色与责任，彼此之间互相合作，才可以保证公司的良性运转。我们学会认清责任，是为了能够更好地承担责任。首先要知道自己能够做什么，然后才知道自己该如何去做，最后再去想怎么做才能够做得更好。此外，认清自己的责任其实还有一点好处，就是能够减少与同事间对责任的推诿。

我们要想清楚自己在做什么，有什么责任，并且要确认自己的位置。因为整个公司就是一部机器，而这部机器的每一个零件的作用都是不一样的。例如你是一家公司的销售人员，与你打交道的只有两样东西：一是经销商，二是商品。因此，你的责任就是管理好商品，同时处理好公司与经销商之间的关系，让他们成为公司永久的合作伙伴。如果你不清楚自己公司产品的竞争优势以及整个公司的经营战略，不清楚经销商的经营思路和资金实力，或者只清楚其中之一，你的失职也是铁板钉钉的事情。失职的原因不外乎两点：一是没有认清自己的责任，二是不负责任。归根结底，就是缺乏责任感。

作为一个员工，唯有清楚自己在整个公司中处于什么样的位置，在这个位置上应该做些什么，然后再把自己该做的事情做好，才是为公司承担责任，才是真正具有责任感。

当前，很多公司都在实行目标管理，而关于个人应该负什么样的责任，则通过签一份责任协定而确定。这份协定的真正目的是让员工做出公开的承诺，督促承诺得到兑现。假如员工不努力去实现承诺，到头来很可能会尝到失败的苦果，因为一旦签下责任协定，推卸责任的借口就不存在了。因此有人说："责任协定是把组织的目标变成个人承诺，使之成为一个关乎人格的问题。"

六、责任感让你脱颖而出

责任感是职场人士的一大亮点，它能够让一个初出茅庐、能力平平的人脱颖而出，迅速地成为公司里炙手可热的关键人物。假如你忠于自己的公司，对工作高度负责，那么你就会是那个很快成功的人。**责任感可以让一个职务低微、身无长物的小职员成为老板眼中的重磅员工。**

例如，一个主管过磅称重的职员，因为怀疑计量工具的准确性而提出质疑，计量工具得到修正，从而为公司挽回巨大的损失。虽然计量工具的准确性属于总机械师的职责范围，但是因为有了对公司的责任感，他获得了一个脱颖而出的好机会。如果他没有这种责任意识，也就不会有这样的机会了。可以说，成功就来自责任感。

小陈是一名刚刚走出校园的大学生，开始他到一家钢铁公司工作。还不到一个月，他发现很多炼铁的矿石并没有得到充分的冶炼，一些矿石中还留着没有被冶炼充分的铁。长期处于这种状态，公司会有巨大的损失。于是他找到了负责这项工作的工人，跟他说明了问题，然而这位工人说："假如技术有了问题，那么工程师一定会跟我说，现在还没有哪一位工程师向我说明这个问题，其实也就说明现在没有问题。"小陈又找到了负责技术的工程师，对工程师说明了他看到的问题。工程师很自信地说："我们的技术是世界上一流的，怎么可能会有这样的问题？"工程师并没有把他说的事情当成一个很大的问题，同时还武断地认为，一个刚刚毕业的大学生，不会懂得多少知识，这只不过是小陈想博得别人好感的一种方法。

但是小陈却肯定地认为，这是一个很大的问题，于是就拿着没有冶炼充分的矿石找到了公司负责技术的总工程师，他说："我认为这是一块没有冶炼充分的矿石，您认为呢？"

总工程师看了一眼，说："没错，年轻人，你说得对。哪来的矿石？"

小陈说："是我们公司的。"

"怎么会呢，我们公司的技术是一流的，怎么可能会有这样的问题？"总工程师很诧异。

"工程师也这么说，可是事实确实如此。"小陈坚持道。

"看来是出问题了。为什么没有人向我反映呢？"总工程师有些发火了。

然后，总工程师就召集负责技术的工程师来到了车间，果然有一些矿石的冶炼并不充分。经过负责技术的工程师的一系列检查，众人发现了问题的原因，原来是监测机器的一个零件出现了问题，然后因为监测问题使得矿石冶炼不充分。

当公司的总经理了解了这件事的来龙去脉后，嘉奖了小陈，提升他为负责技术监督的工程师。在一次会议上，总经理对员工们说了一段话："我们公司并不缺少优秀的工程师，但是并不是每个优秀的人都负责任，因此我们缺少负责任的工程师。难道如此多的工程师只有小陈一个人发现了问题？当有人提出了问题，这些工程师却不以为然。而大家都知道，对于企业来说，人才是重要的资源，如果优秀的人才并不负责任，那么我们的公司也很难发展得一帆风顺。"

小陈从一个刚刚毕业的大学生晋升为负责技术监督的工程师，实现了职业生涯的一次飞跃，这来自于他对工作的一种强烈的责任感，这种责任感让领导者认为可以对他委以重任。

假如说你的老板让你去传达某一个命令或者指示，你却发现这样或许会大大影响公司利益，那么也一定要理直气壮地提出来，不必去想你的意见或许会让你的老板大为恼火或者就此冲撞了你的老板。你一定要大胆地说出你的想法，让你的老板明白，作为员工的你不是在唯唯诺诺地执行他的命令，你始终都是在斟酌考虑，考虑怎样做才能更好地维护公司的利益和他的利益。你的老板一定会因为你的这种责任感而对你青睐有加。这种职业责任感会让你成为一个值得信赖的人，你将会被委以重任，永远不会失业。

第六章

做老板，都得像
蚂蚁一样工作

成功者都有一个共同的特点——勤奋。老板们其实并不像你平时看到的那样：慵懒自在，整日饮酒喝茶，打发时间。他们也得起早贪黑，东奔西走，公司的大小事情都需要他们处理过问。除了勤奋，他真的别无选择。因为勤奋是通往成功的必由之路，假如一个公司的老板都不勤奋，那么公司不可能会发展起来。而既然创业，老板就是想要大展宏图，所以每个老板都要像蚂蚁一样勤奋才行。

一、勤奋，通往荣誉的必经之路

古罗马拥有两座圣殿：其中一座叫做勤奋圣殿，另一座叫做荣誉圣殿。古罗马的人们将这两个圣殿安排了一个次序，勤奋在前，荣誉在后。就是说必须经过勤奋圣殿，才能达到荣誉圣殿。这是因为古罗马人一直信奉："勤奋是通往荣誉的必经之路。"试图绕过勤奋圣殿的人，是永远到达不了荣誉圣殿的。

所有成功者的身上都可以找到一个共同的特点，那就是勤奋。这个世界虽然说没有绝对的公平，但是投机取巧的人永远没有获得过大的成功，偷懒的话更是永无出头之日。

特罗洛普最初成为一个写手的时候，听从了一个作家的建议，这个建议让他受益终生，后来他又把这句话转达给了罗伯特·布坎南。这句话是这样子说的："假如你想名垂千古，无论是作家还是其他行业，你都要有勤奋的精神。那么对于作家，你在自己坐下来写作之前，可以考虑在椅子上先抹上一些鞋匠用的粘胶。"无独有偶，英国画家雷诺兹对天才的阐释是这样子的："天才除了可以全身心地专注于自己的爱好，以及在工作中异常努力以外，与常人并无两样。"

日本的"推销之神"原一平也是如此：

有一次，原一平受邀参加一次大型演讲会，数千人都想一睹日本"推销之神"的风采，每一个人都想打听到他的成功秘诀。整整过了10分钟之后，原一平才姗姗来迟。出人意料的事情发生了，他走向讲台，就坐在了椅子上，半个小时没说一句话。这半个小时里，就有人忍耐不住离开了会场。接着又1个小时，这位推销之神依旧没说话。这段时间里，会场已经走了大部分的人，最后只剩下十几个听众了。原一平终于开口说话了："看来你们是这群人中忍耐力最好的几位，那么我可以向你们讲述我的成功秘诀，但不能在这里说，咱们要去我住的宾馆。"

这剩下的十几个人随着原一平来到了他下榻的宾馆，原一平脱掉外套和自己的鞋子，将自己的脚板亮给那十几个人看，说："这就是我成功的秘诀，我的成功是勤奋跑出来的。"十几个人看到原一平的脚板上布满了老茧，原一平说："总共三层噢！"

一个成功的人，未必非常完美，也未必都很快乐，可他们有一种特质是一般人所不具备的，那就是勤奋。如果你想让自己成为老板眼中最优秀的员工，就要养成勤奋工作的习惯。有的人反对为了成功而把自己变成工作狂——那的确使人生变得无趣，但不可置疑的是，大部分人必须先是工作狂，然后才能创出成功的事业。

我们都知道大自然包罗万象，而自然界的昆虫中，蜜蜂总是有一种神奇力量——创造无限。假如我们能像蜜蜂般不断创新，就不难开创属于自己的事业！

英国著名哲学家培根曾经对蚂蚁、蜘蛛和蜜蜂三种昆虫做了一番观察，得出以下结论：

蚂蚁过的是群体生活，它们具有团结精神，眼光长远，洞悉四季周期的变化，它们积谷防饥，安守本分，蚂蚁积谷只是为自己的利益着想，不为贡献他人，它们没有丝毫创造性。至于蜘蛛，它们结网往往出于主观，随意地创造，可以学习的地方也不多。

蜜蜂与蚂蚁和蜘蛛截然不同。它们从田野间采集花蜜做原料，善于运用自己的方法和力量去提炼与酿造黄澄澄、香喷喷的蜜糖。这种可以改变花蜜常态、自我创造的力量，令培根都为之称赞！蜜蜂酿造的蜜糖已经超越了总是在为自己的利益着想的界限，更成为人类的美味食粮。蜜蜂辛勤采蜜的程度，令人惊叹：一只蜜蜂，从100万朵花上采集花蜜原料，才会酿造出1公斤蜂蜜！从蜜蜂采蜜的花丛到蜂房间的平均距离，以1公里半计算，蜜蜂每采1公斤蜜，就要飞上45万公里，相当于环绕地球赤道飞行11圈！

我们可以看到，一只小小的蜜蜂，不断辛勤采蜜，创造提炼出香喷喷的蜜糖。这种创造精神是我们应当借鉴的，我们应该像蜜蜂那样，在职场中将潜能无限地发挥出来。

二、工作中无小事，做好每一件事

　　每一个人所做的每一项工作都是由小事构成的，但并不能因此对小事敷衍应付或轻视懈怠。所以请记住，工作中无小事。所有的成功者与我们同样做着小事，而区别就在于，他们从不会觉得这些是简单的小事。从表面上看，有些工作索然无味，实际上只有深入其中，才能够认识到其意义所在。每个人都必须努力从工作本身来理解工作，视它为人生的权利和荣耀。

　　其实每一件事都值得我们专心去做。别小看自己所做的每一件事，就算是最普通的事，也都应该全力以赴、尽职尽责地去完成。只要你一步一个脚印向上攀登，便不会轻易跌落。通过工作获得力量的真正秘诀就蕴藏在其中。因为小事，所以一些人不愿做，或者是对之轻视。而凡成大事者，正是那些肯于在小事上面做文章的人们。

著名哲学家苏格拉底在开学的第一天就对自己的学生说："今天我们只做一件事，每个人尽量把胳臂往前甩，然后再往后甩。"并给大家做了一遍示范，大家跟着做了一遍。"那么从今天开始，每天做300下，大家都可以做到吗？"这时候学生们都笑了，这么简单，谁做不到？一年后，苏格拉底再次询问这件事的时候，全班只有一个学生说自己坚持下来了，他就是后来的大哲学家柏拉图。

"这么简单，谁做不到？"其实这就是多数人的心态。但是结果怎样呢？成功者之所以成功，就在于他们从不认为自己所做的事是简单的小事，并且坚持不懈地做了下来。

大事是由小事积累而成的，忽略小事，就难成大事。从小事开始，逐渐锻炼意志，增长智慧，日后才能做成大事。眼高手低、不懈做小事者，永远难成大事。小事就能够折射出一个人的综合素质，体现出一个人的特点。从小事中见精神，以小见大，见微知著，赢得大家的信任，这样才能获得干大事的机会。

三、勤能补拙，在工作中力求兢兢业业

《尚书》有云："功崇惟志，业广惟勤。"不错，任何时候，勤恳工作都是一个人不可或缺的美德。每一个企业的发展都离不开勤奋、务实工作的员工，而想要成为一名合格的员工，就必须在工作中力求勤恳、认真。

勤恳工作的具体表现就是：在自己的研究领域或工作岗位辛勤工作，时时刻刻都会反省自己的专业知识与技能是否精湛，同时有意识地提升专业素养，从而扩充专业知识与技能，与时俱进，才能够确保胜任本职工作。

小刘和小李两个人同在一家电子信息产业研发公司做研究员，小李比小刘晚进公司三年，但是小李工作十分勤奋，因此每年两人的业绩都不相上下。在公司一次会议上，公司领导布置给

他们一项十分重要并颇具有开发潜力的项目，要求他们每人拿出一个可行方案。

　　小李初步了解了这个项目后，就感到了自己肩上的担子有点儿重。仔细审视自己，他深知仅仅依靠自己目前的专业水平是远远不够的，想顺利完成这项任务十分困难。于是，他就自觉利用业余闲暇时间，加班加点地研读从各大书店淘回来的专业书籍。每天晚上，为了一个精准的结论他都要演算到很晚。就在那层层叠叠的演算纸中，他终于做出了令自己满意的方案。

　　就在确定方案的会议上，小李的方案一经拿出就吸引了众人的眼球。就这样经过一番问答式的交流，一直对答如流的小李在给人留下深刻印象的同时，严谨的推理一样让人几乎找不到其方案中的任何漏洞。

　　接下来该讨论小刘的方案了。同样是问答式的交流，尽管小刘对答得也很不错，但在心里，他明显感觉到自己底气不足。原来，自从接受任务之后，他就一直按照自己一贯的方式做着方案，因为他觉得，凭借着自己的经验，只要能用点儿心，方案就一定可以顺利通过。

　　众人经过一阵激烈的讨论后，最终决定启用小李的方案。勤能补拙，小李正是用勤奋弥补了他与小刘之间能力和经验的差距，并且超越了不够勤奋的小刘，赢得了他人的一致肯定。

　　我们可以看到，小刘和小李本来机会相同，但小李用勤恳的态度换来了方案的成功，小刘则在怠慢中迎来了失败。面对工作上同时出现的技术瓶颈，小李选择了勤奋学习，小刘则沉浸在自己过往的经验中，心存侥幸。假如小刘能够少一些经验主义，多一份像小李那样的勤奋，小刘他的成绩怎会不如小李呢？**一个勤恳工作的态度能够让人意识到与他人的差距，而勤恳工作的行动则能够帮助缩短与他人的差距。**但是在很多时候，人们都被无形的拖拉、懒惰和逃避夺去了前进的动力与机会，注定难以成功。

如果你想成功的话，现在就行动起来吧！

假如你总是拖延和懒惰，那么从当下开始，从你想规避的某项杂务着手，立即进行，让自己尽可能地去追求高效率的工作。或许你现在会觉得烦琐无趣而不愿意动手，但一旦尝到成功的滋味，你就会觉得一切都值得。

假如你墨守陈规的话，那么必须从当下开始，让大脑运转起来，在不断的钻研和摸索中，多一些创新，少一些经验主义。大脑越用越灵活，你的整个人也会随着不断的思考而活跃起来的。

最能够体现出一个人"精气神"的品质就是勤恳。当懒惰吞噬人精神的时候，唯有勤恳的人才能克服懒惰，通过坚持不懈的努力，在追赶的过程当中弥补自身不足，机遇也将会随之而来。因此，兢兢业业做好本职工作，做出实实在在的贡献，这才是真正意义上的敬业。一定要记住，机会来自于苦干，让我们立即行动，勤恳工作！

四、对工作充满兴趣

　　兴趣是决定一个人职业态度的非常关键的因素，一个人觉得自己的工作充满乐趣，他就会对它抱有热情，在这种心态的驱动下，他就很可能会成为一名优秀的员工。美国著名人类学家格里高利·贝特森曾经说过："对工作感兴趣，对自己有好处，提醒自己，这样可以使自己从生活中获得加倍的快乐，因为当你醒着的时候，约有一半时间要花在工作上，要是在工作中找不到快乐，就绝不可能再在任何地方找到它。"

　　国外一所知名大学的研究人员曾做过这样一个有趣的实验，他们对1960年到1980毕业的1500位商学院学生进行了研究。这些毕业生共被分成了两组，第一组就是一群想先赚到钱，然后才去做真正想做的事的人。而第二组则是一群先追求他们真正的兴趣，认为以后财源自然会涌现的人。

在这1500名接受调查的学生当中，想先赚到钱的第一组占了83％，有1245人。那些甘冒风险追求个人兴趣的第二组占17％，有255人。20年后，两组人当中共产生了101名百万富翁，其中只有1人属于第一组，第二组中则有100人！

最后，研究报告的撰写人布洛尼克在结论中谈到："事实上绝大多数的致富的人都应该感谢工作使他们发现了深刻的专注……他们的幸运来自他们对所喜爱领域的奉献。"

成功的起点首先是一定要热爱自己的职业。哪怕你是挖地沟的，假如你想挖好，那么首先就得热爱挖地沟这份工作。

伟大的推销员乔·吉拉德经常被人问起他的职业。听到答案后对方常不屑一顾："你是卖汽车的？"但乔·吉拉德并不在意，回答道："是的，我就是一个销售员，我热爱我做的工作。"正是这种热爱推销的精神使他一步步走向成功，他平均每周可以卖42辆汽车，每天卖6辆，从而成为世界上最伟大的推销员。

那么，我们到底要如何才能对自己的工作充满兴趣呢？

一位企业家曾经这样说过："我曾经在一笔生意中刚刚亏损了15万元，我认为我已经完蛋了，再也没脸见人了。"事实上，亏损了15万元是事实，但说自己完蛋了而根本没脸见人，那只是自己的想法。一位英国人说过这样一句名言："人之所以不安，不是因为发生的事情，而是因为他们对发生的事情产生的想法。"我们也可以认为，兴趣的获得同样也是个人的心理体验，而不是发生的事情本身。只要兴趣尚在，那么动力就尚存，赚回150万也不是没有可能。

生活中的很多时候，我们都可以寻找到乐趣，正如亚伯拉罕·林肯所说的："只要自己心里想快乐，那么绝大部分的人都可以如愿以偿。"但是现实中，许多人不是从生活中、工作中去寻找乐趣，而是去等待乐趣，等待未来发生能给他带来快乐的事情。他们总是会以为自己结婚、找到好工作、买下房子、孩子大学毕业以后，才算完成了某项任务或取得某种胜利以后就能够快乐起来。这种人在现实中往往是痛苦多于快乐。他们其实不懂得快乐是一种心理习惯、一种心理态度，这种态度是能够加以培养发展起来的。

有一位心理学家这样描述过快乐："快乐纯粹是内在的心理活动，它并不来源于外在事物，而是来自于自身的观念，你可以依靠自己的思想和态度产生快乐。无论外界环境怎样，你都可以自己控制思想和态度。"比如说你在一个小公司做工，或者你只不过是一个电话接线生，你的工作或者是处理客户的来电，或者是统计报表……你觉得每天重复工作，都无聊到了极点。假如你想让自己的工作不再那么无聊，最好变得有趣起来，这就需要自己做一些改变了，比如先给自己每天的工作量定下一个目标，然后把自己工作的状况记录下来，这样可以每天提高一下自己的目标，让第二天的工作胜于前一天，那么渐渐地你会发现自己的工作不再单调、枯燥，而会变得很有趣。因为你发现自己在和自己竞争，内心充满了激情与斗志。

　　其实我们可以通过改善自己对工作的态度来增添工作中的乐趣。美国著名的成功学家奥格·曼狄诺认为，**每一件事，每一个人，从某种意义上来说其实都是珍奇独特的，只要你愿意，一切都是无穷无尽的快乐源泉。**如果用快乐的心情去感受，你就可以感到工作的快乐。

五、自动自发地工作

一个优秀员工的表现应该是这样的——不管老板在不在，他都会始终如一地努力工作，因为他知道，工作其实并不是做给老板看的，他对自己的要求，经常要比老板还严格。

作为一个公司员工，老板不在的时候，是最容易放松自己的时候。但如果你想成功，就该为自己的前途着想，就该懂得，不管老板在不在，你勤奋工作都必须是发自内心的。而你的任何业绩都是自己努力的结果，你不能光做出样子来给老板看，老板要的是实际业绩和工作效果。

老板评价员工优秀与否都会有一个标准，那就是他的工作动机与态度。假如总是被动地工作，习惯于像奴隶一样在主人的督促下劳动，缺乏工作热忱，那么可以肯定，这样的员工不会有什么成就的。自动自发地工作是每一个优秀员工的共同特点，没有对工作的热爱就不会有全身心的投入，就会因为缺乏自律而放任自流，当然也就谈不上成就什么事业了。

工作的主动性是员工的必备素质。不管是趁机偷懒还是谨慎无奈地继续自己的工作，都不是正确的做事方法。即使后者仍然努力，但那只是防止有人打小报告而已。被动地工作的目标是能够完成老板交代的任务，然后心安理得地拿薪水，对一个优秀的员工来说，这样做是远远不够的。

自动自发其实就是一种对待工作的态度，同样是一种对待人生的态度，只有当自律与责任成为习惯的时候，成功才能够接踵而至。绝大多数成功的创业者其实并没有任何人监督其工作，他们完全依靠自律工作。倘若对自己的工作都不能全身心投入，那么开创自己的事业只能是一句空话。

请在你老板不在的时候，自动自发地工作！这样的工作习惯能够让你不断地超越自我，从而成为像老板一样优秀的人。那些获得成功的人，正式由于他们用行动证明了自己主动工作并且敢于承担责任，而让人倍感信赖。

能否主动地去工作，并且为自己所做的工作承担责任，是一个成功者和失败者的区别。靠这个品质而成功的人，并不在少数。阿尔伯特曾在著名的《致加西亚的信》一文中写下了以下内容："我很钦佩一种人，这种人永远都不会被解雇，无论上司是不是在身后他们都会努力工作，这种人永远不会为了加薪而烦恼。"

一个优秀的员工是懂得发奋工作的人，当然，作为优秀的管理者应该努力培养自己员工的这种工作主动性。所以，别为自己找借口，主动地去完成好自己的工作吧！要做一个优秀的员工，要有自尊心、有主见，这样的员工不会等老板交代任务，他们懂得主动地去工作。因此一定要做这样的员工，看准了的事就要大胆去做。不要墨守成规，不要害怕自己犯错。老板没有主动让你做的工作，你照样可以发挥你的能力，还可以发挥你的创造性来圆满完成任务。

六、什么样的员工公司永不会抛弃

通常，一个被公司重用的成功的职场人，他一定会具备过人的特质。这些特质足以让他的领导无法忽视，让他成为一个公司不可缺少的人物。

职场当中有各种各样的人，何种职场人公司永远都不会抛弃呢？我们来粗略归纳一下。

1. 尊重上司的人

永远要记住，老板的时间比员工的时间更宝贵。因此当老板交给你一项特殊任务时，不管你手头的工作是什么，你都应该停下来去做老板交给你的工作。老板交代的活儿更重要！不要让老板等候哪怕一秒钟，否则会表现得你不尊重老板。如果老板来到你面前，请你马上挂掉正在打的电话；如果你正在与客户谈生意，并且是一笔非常重要的生意，那么告诉你的老板，你正在与客户谈生意，用目光交流，用嘴形告诉他，或写纸条说明一下，让他理解。

2．凡事有主见的人

一个凡事都向老板请示的人，抑或不负责任或害怕负责任的人，通常都是缺乏创造性的人，他们对于企业的发展根本没有什么好处，更不可能为老板分担工作，做富有建设性或创造性的事情更是绝无可能。那些在工作中有主见、勇于开拓创新的人，才是真正有创造潜能的人，他们能给老板们带来高附加值的收益。

3．从容冷静的人

在任何的情况之下都可以保持从容冷静的人，往往能够赢得荣誉。老板和客户其实都非常欣赏那些在困难或紧急情况下能出色完成工作的人。假如一个人始终保持从容冷静，那么发生任何问题他都能够很快地找到解决的办法，并能在老板和同事面前精力旺盛，工作起来有条不紊，这自然是一名训练有素的员工。

4．任劳任怨的人

把"这不是我分内的工作"从你的字典中删掉吧！当老板要你接手一份额外工作的时候，往往是一种赞赏的表现。这或许仅仅是老板的一个小小考验，看看你是否能承担更多的责任，那些不愿做额外工作的员工，事业将不可避免地停滞不前或被那些任劳任怨、热情而勤奋的同事淘汰。所以千万不要对老板说"不，我没时间"或者"对不起，我不会"等诸如此类的借口。作为一名员工，应该任劳任怨。

5. 当机立断的人

如果你是一个决策者，那么在做决定的时候一定要快速而坚决，不要优柔寡断或过于依赖他人意见。一定要小心谨慎地权衡意见，及时迅速地做出决定是成功决策者的必要条件。

6. 穿着得体的人

衣着得体，修饰得当，良好的个人卫生习惯，这些都非常重要。公司员工的衣着，尤其是高级职员的衣着与周末体闲时的随意和摩登恰恰相反，它是保守和庄重。如果你的穿着得体，人们在与你交谈时便会不自觉地把你视为一个重要的谈话对象。

7. 开朗乐观的人

没有人喜欢满腹牢骚的人，老板也不例外，人们都更愿意同乐观开朗、生活态度积极的人交往。作为一名员工，即便在最沮丧的日子，也要向老板和同事显示出最快乐、最乐观的一面。

8. 承担责任的人

如果你的工作出现失误的话，那么就要快速地对情况做出评估，从而制订出控制损失的可行性计划，然后直接找老板告知问题的所在以及你准备采取的解决办法。要记住，绝对不要没有准备好你自己的建议就带着"我该怎么办"的问题去找老板。

9. 有一技之长的人

一技之长本身就足以说明一个人的素质，特别是在职业素质上超过一般人。如果能够为他们创造一个恰当的环境，他们必能成为企业的骨干，甚至成为老板们的得力助手。就价值来说，这些人的含金量高，是企业蓬勃发展的重要依托。

10. 敬业爱岗的人

老板喜欢干一行爱一行和爱岗敬业的人，那些总是这山望着那山高，甚至经常跳槽的人，就很难称得上敬业了。从一般情况来看，爱跳槽的人对企业自身的稳定和管理工作也会带来这样或那样的麻烦，自然不受老板们欢迎。

11. 实践应用能力强的人

所谓实践应用能力，就是我们常说"来即能用，用即能战"的能力。老板普遍欢迎有较强动手能力、实践能力的人。那些专业性强的科研部门则希望毕业生有独立的思想，能提出问题。

总的来说，老板和客户其实都非常欣赏那些在困难或紧急情况下能出色完成工作的人。在职场中，总会有一些人被抛弃，而总有一些人则永远不会被抛弃，了解这些，将让你受益匪浅。

第七章

没有 这些素质的老板不是好老板

好的老板就应该有好的素质，要有成功的动力，也要有眼界，要学会忍耐，更要有人脉，要看得清形势，同时要懂得自省和分享。有了这些素质才算是一个好老板。

一、梦想：推动公司成功的源动力

梦想，其实就是一种生活目标，一种人生理想。想做老板的人，他们的梦想与普通人梦想的不同之处在于，梦想往往超出他们的现实，通常需要打破他们现在的立足点，打破眼前的樊笼，才可以实现。因此，想做老板的人梦想通常伴随着行动力和牺牲精神。这不是任何一个人都可以做得到的。有些人，他们本来有足够的学识，有足够的能力以及资源来开创一番事业，但是他们没有超越自我的梦想，他们觉得眼前的生活就足够好。而想做老板的人的梦想是高于现实的，是需要踮起脚才能够得着的。

上海文峰国际集团的老板陈浩，1995年来到上海，从一个小小的美容店做起，到现在已经在上海拥有了30多家大型美容院、一家化妆品厂、一家生物制药厂和一所美容美发职业培训学校，同时还在全国建立了300多家连锁加盟店，个人资产近亿元。陈浩有一句话说得好："一个人的梦想有多大，他的事业就会有多大。"

现实中我们可以发现，许多成功者的创业梦想都来源于现实世界的刺激，是在外力的作用下产生的。这种刺激经常让承受者感到痛苦和屈辱，在被刺激者心中激起一种强烈的愤恨与反抗情绪，从而使他们做出一些超常规的行动，焕发出超常的能力，孟子所说的"知耻而后勇"即是此意。许多创业者在创业成功后往往会说："我自己也没有想到自己竟然还有这两下子。"

大多数白手起家的创业者都是因为梦想，因不甘心而创业，这是他们共有的一个特点。

丝宝集团的梁亮胜赫赫有名，是《福布斯》中国富豪榜的常客。但是在几十年前，他不过是一个打工仔。1982年，梁亮胜带着太太，与所在内地工厂的其他40多名员工一道被派往香港工作。当时梁亮胜一家在香港只有四五平米的住房，他们夫妻二人只能挤在沙发上睡觉。那时，梁亮胜的梦想就是有个楼房。

在这样艰苦的条件下，梁亮胜每天晚上都坚持去上夜校。在香港的3年时间里，他系统地学习了英语、航运、国际贸易和经济管理等课程。后来，他靠做国际贸易，向内地贩卖檀香木材淘到了第一桶金，再后来又办起了丝宝集团，出品舒蕾等洗发水。站在成功者的角度，梁亮胜说："回头来看，一起到香港的那40多人现在都还在工厂里做工，因为他们满足现状，觉得做工比原来在内地做工好多了。"

通过梁亮胜上述一番话可以看出，梦想促使他追求成功。因为他觉得自己能够做得更好，赚到更多的钱，过更好的生活，他要给自己当老板，做自己的主人。而随他一起到香港做工的40多个工友，因为没有梁亮胜那样的梦想，所以他们20年前给别人做工，20年后仍然只能给别人做工。

一个真正的创业者一定是一个怀有远大梦想的人。他们想拥有财富，想出人头地，想获得社会地位，想得到别人的尊重。有人会觉得这些很庸俗，甚至一些成功人士也不愿提起这样的话题，尤其是一涉及到钱，人们便变得很敏感、很禁忌，其实完全不必如此。我们每个人都完全可以轰轰烈烈、堂堂正正地去追寻自己的梦想。

二、眼界：用心看世界的人 更易发现机会

　　一个人的心胸有多广，那么他的世界就会有多大；一个老板的眼界有多宽，他的事业也就会有多大。"见识"是因见而有识，建设性地拓展自己的视野，是非常重要的。

　　我们或许都知道名人电脑公司老总佘德发，他就是一个非常有意思的人，据说他无论走到哪里，随身都会带着两样宝贝：一样是手提电脑，因为他在全国设有许多的分部、分公司，带着电脑走到哪里，哪里就是公司的总部；另一样就是一个旅行箱，里面全部都是各种各样的报纸，佘德发走到哪里，就读到哪里，他将一箱一箱的报纸当成了精神粮食。

人们都喜欢夸耀自己见多识广，对于创业者而言，确实需要见多识广。广博的见识，开阔的眼界，能够很有效地拉近自己与成功的距离，使创业少走弯路。

有人研究发现，许多老板的创业思路都有以下这几个共同来源：

（1）**职业**。俗话说，不熟不做。由原来的行业下海，对行业的运作规律、技术、管理都十分熟悉，人脉、市场也熟悉，这样的创业活动，成功的几率通常很大。这其实也是最常见的一种创业思路的来源。

（2）**行路**。常言道"读万卷书，行千里路"，之所以行路，其实就是各处走走看看，同样也是开阔眼界的好方法。

《福布斯》中国富豪里面少有的女富豪之一沈爱琴，说自己最喜欢的就是出国。出国不是为了玩，而是去增长见识，回来才可以更好地领导企业。

有研究者发现，有两成以上的老板们最初的创业创意其实都是来自于他们在国外的旅行、参观、学习。

就如同刘力1995年创立北京人众人拓展训练有限公司，将拓展训练当成自己创业的主要落脚点，他的灵感就来自于自己在英国、瑞典等国考察的时候对拓展训练的接触。

肯定会有人问：行路意味着什么，或者说眼界意味着什么？假如你是一个老板，想做大事的人，那么开阔的眼界也就是意味着你不仅可以在创业伊始有一个比别人更好的起步，有时候甚至可以挽救你和你企业的命运。眼界的作用，不光表现在老板们的创业之初，其作用会一直贯穿于创业者的整个创业历程。一个人的心胸有多广，他的世界就会有多大。我们也可以这样说：一个创业者的眼界有多宽，他的事业就会有多大。

（3）**阅读**。阅读的对象不要局限，你可以多读一些书、报纸还有杂志。

比亚迪总裁王传福就是因为看了《国际电池行业动态》这样一份类似简报的东西，从而获得了创业的灵感。1993年，《国际电池行业动态》刊登的一个消息让王传福看到了。这个消息说，日本宣布本土将不再生产镍镉电池。王传福意识到这是一个好的创业机会。在接下来的几年中，王传福利用了电池的市场空隙，以及他在电池行业经营多年的技术基础和人脉积累，把自己的事业做得有声有色。还有郑永刚，很多人都说他将企业做起来后，就没有太多关心企业的经营问题，实际上他每天大多数的时间都花在读书、看报，思考企业战略上面。

与大多数人相同，创业者会放松读书，但是不同的是，他们在读书的过程中会去思考，拥有抓住机遇的意识。因此，我们也一定要有这样的意识。

（4）**交友**。很多的老板最初的创业主意都是在朋友启发之下才产生的，或者干脆是由朋友直接提出的。因此这些人在创业成功后，都会更加积极地保持与从前朋友的联系，并且广交朋友，不断地拓展自己的社交圈子。

　　时尚蜡烛领头羊山东金王集团创始人陈索斌的创业主意，其实就是来自于一次在朋友家中闲谈。昆明赫赫有名的"云南王"、新晟源老板何新源至今依然保持着和朋友在茶楼酒馆喝茶谈天的爱好，何新源称之为"头脑风暴"。都说广东人一直都是天生的生意人，你可以看一看，广东人里面有几个是不好泡茶楼的？喝茶是一方面，交朋友谈生意是更重要的另一方面。

　　这四大创业思路的来源，就是四种开阔眼界的有效方法。俗话说，见钱眼开。其实眼界开阔才能看见更多的钱，赚到更多的钱。因此，如果你想成为大老板、成功人士，一定要到处多走一走，多和朋友聊一聊，多阅读，多观察，多思考。**机遇只垂青有准备之人，让自己"眼界大开"就是最好的准备。**

三、明势：顺风行船才能走得快

作为一个老板，明势的意思分两层：一要明势，二要明事。

其实所谓势，就是一种趋向。做过期货的人都知道，赚钱关键是要做对方向，这个方向其实就是势。大势向空，偏做多，或者大势利多，偏做空，那么不赔钱简直不可能！反过来，不想赚钱都难。

通常我们将势分为大势、中势、小势三种。想做老板的人，一定要跟对形势，要研究政策，这才是大势。对一个想做大事的人而言，大到国家领导人的更迭，小到一个乡镇芝麻小官的去留，都会对自己有影响。例如在政策方面，国家鼓励发展什么，限制发展什么，与一个人事业的成败更有莫大关系。如果选对了方向，顺着国家鼓励的层面努力，就可能事半功倍；如果选择了错误的方向，比如说某一个行业、某类企业，国家正准备从政策层面进行限制、淘汰，偏赶在这个时候稀里糊涂地一头撞了进去，最后一定会血本无归。

顺势而为，其实说白了就是顺水行舟。李白诗"朝辞白帝彩云间，千里江陵一日还"，那指的是顺水行舟。苏东坡坐船回老家的时候，走得和李太白是同一条路，但是却整整花了三个月。没有别的原因，太白顺水，东坡逆水。做事业也是一样道理，先要明大势。

大势是指市场机会。市场上现在时兴什么，流行什么，人们喜欢什么，不喜欢什么，那就是你事业的方向。俞敏洪如果不是赶上全国性的英语热和出国潮，他就是使出再大的劲头，有再大的能力，也根本不会有今天的成功。

其实经济腾飞的珠三角，包括长三角，很多的中小企业老板都十分懂得借势的道理。不少人依靠借势从而发了家。借什么势呢？借外资企业在本地投资的势，比如一个台湾的电脑主板厂家在内地建厂，他不会什么都自己生产，有一些零配件，包括一些生活供应，都要依靠当地人解决。这其实就是势，有的人称之为"为淘金者卖水"，淘金的人或许淘不到多少金，而卖水的却真正发财致富了。

小势，说的就是个人的能力、性格、特长。老板们在选择事业方向的时候，一定要找那些适合自己能力、契合自己兴趣、可以发挥自己特长的项目，这样才真正有利于持久性的全身心地投入。

明势的另一层含义，说的就是明事，作为一个老板一定要懂得人情事理。世事洞明皆学问，人情练达即文章。做事业的首要目的是为了合理合法地赚钱，不是为了改造社会。改造社会是你发达之后有能力改造社会才行。做老板开创自己的事业，不是为了跟谁赌气，而是人生的追求。

当老板是不容易的，做事业是一个在夹逢里求生存的活动，特别是处于社会转轨时期，各项制度、法律环境都不十分健全，老板们只有先顺应社会，才能避免在人事关节上出问题。因此，做一个老板一定要明势，不但要明政事、商事，还要明世事、人事，这应该是一个老板的基本素质。

四、忍耐：老板必备的品德

艰难困苦，玉汝于成，想当老板，想做事业，的确是很不容易的。不容易在哪里呢？首先就是要忍受肉体上和精神上的折磨。其实我们都知道，肉体上的折磨还好办一些，挺一挺就过去了，但精神上的忍耐更是对人巨大的考验。成功者大都能忍耐痛苦，奋发图强。比如发明江民杀毒软件的王江民。

王江民3岁的时候得了小儿麻痹症，病愈后落下终身残疾，没有上过大学，甚至连大学校门都没进去过。他20多岁的时候在一个名不见经传的小厂里当技术员，38岁之前根本不懂电脑。但是王江民并没有被打倒，他对痛苦的忍受力，造就了他的成功。从上中学起，他就开始培养自己的毅力。他40多岁辞职来到中关村，经受了欺骗，经受了商业对手不择手段的打击，甚至最多一次被人骗走了500万元，但是他都挺过来了。这些都没能阻挡他成功，中关村能人不少，但就是让一个残疾人拔了百万富翁的头筹。

还有一种精神上的折磨。

俞敏洪有一件下跪的事，这在新东方学校尽人皆知。那就是他当着几十个人，当着自己的同学、同事，当着所有在饭店吃饭的不相干的外人，"扑嗵"一声就给母亲跪下了。原因就是俞母将俞敏洪的姐夫招来新东方干事，开始的时候管食堂财务，后来管发行部，但是有人不满意，一天，不知谁偷偷把俞敏洪姐夫的办公设备给搬走了。俞母大怒，也不管俞敏洪正和王强、徐小平两个新东方骨干在饭店包间里商量事，搬了一把凳子堵在包间门口破口大骂。俞敏洪为了平息风波，精神和心理上承受了多大的压力，可想而知吧！

所以说老板不是那么好当的，谁能想象俞敏洪这样的老板是经过怎样的艰难才成功的？更有甚者，当初江苏名佳企业董事长张正基事业初起的时候，违逆了父亲的意思，结果被父亲告到税务局，说他偷税漏税，父子就因此三年断绝往来，这样的老板容易吗？在成为千万富翁、亿万富翁的道路上，这些人付出了怎样的代价和努力，忍受了多少别人不能够忍受的屈辱、憋闷、痛苦？只有他们能够体会个中辛苦。

对于一般人而言，忍耐是一种美德，如果你想做一个真正的老板，拥有自己的辉煌事业，那么忍耐就是你必须要具备的品格。别以为老板们都要风得风，要雨得雨，他们之所以有今天的成功，是因为他们都经历过创业的艰难困苦，他们都忍受过许多常人无法忍受的伤痛甚至屈辱。

五、人脉：多个朋友多条路

人脉资源的积累其实就是构建人际关系和社会网络。

创业不是引"无源之水"，栽"无本之木"。一个人要想自己当老板，必然有其凭依的条件，即其拥有的资源。一个老板的素质如何，看一看其建立和拓展资源的能力就能知道。

老板们的资源，通常可以分为外部资源和内部资源两种。内部资源主要是指老板的个人能力，其所占有的生产资料及知识技能，也就是人们通常所说有形资产及无形资产，只不过这种有形资产和无形资产属于个人罢了。另外，老板的家族资源也可以视为内部资源的一部分。拥有一份良好的内部资源，对老板个人来说非常重要。但对于老板来说，更重要的是外部资源的创立。其中最重要的一点是人脉资源的创立，就是老板构建其人际网络或社会网络的能力。一个老板假如不能在短时间之内建立自己最广泛的人际网络，那他的事业一定会非常艰难，即使在创业初期能够依靠领先技术或者自身素质，比如说吃苦耐劳或精打细算，获得某种程度上的成功，但仍然可以断言他的事业肯定做不大。

老板们的人际资源，按其重要性来看的话，主要有以下三种：

第一是同学资源。现如今社会上同学会非常盛行，仅仅北京大学，各种各样的同学会就不下几十个，据说其中有一个由金融投资家进修班学员组成的同学会，仅仅有200余人，而控制的资金却高达1200亿，殊为惊人。人大、北大、清华等名牌大学在北京、上海、广州、深圳都有同学会或校友会分会，通常在这些地方，形形色色的同学会多如恒河之沙。在周末的时候，到北大、清华、人大等校园走走，同样会发现有很多看上去不像学生的人在里面穿梭，其中有很多人是花了大价钱从全国各地来进修的。学知识当然是一方面的原因，交朋友则是更重要的原因。

能够与同学和战友相提并论的还有同乡。共同的人文地理背景，让老乡有一种天然的亲近感。我们或许都知道曾国藩用兵只喜欢用湖南人，而中国历史上最成功的两大商帮——徽商和晋商不论走到哪里，都是老乡拉帮结派，成群结伙的。同学资源和同乡资源，其实可以并称为老板们做事业最重要的两大外部资源。

第二是职业资源。对于一个想当老板的人而言，效用最明显的首推职业资源。所谓职业资源，即老板在创业之前，为他人工作时所建立的各种人际资源，主要包括项目资源和人际资源。充分利用职业资源，从职业资源入手创业，符合创业活动"不熟不做"的教条。特别是在国内目前还没有像美国或欧洲国家一样普遍认同和执行"竞业避止"法则的情况下，选择从职业资源入手进行创业，已经成为了许多人事业成功的捷径和法宝。

第三是朋友资源。朋友是一个总称。同学是朋友，战友也同样是朋友。老乡是朋友，同事一样是朋友。一个老板，三教九流的朋友都要交，谈得来，交得上，就好像十八般兵刃，到时候不定就用上哪般。朋友对老板们来说尤如资本。"在家靠父母，出门靠朋友"、"多一个朋友多一条路"说得都是这个道理。一个老板如果不能交朋友，没有几个真正的朋友，他的事业肯定没办法做大做强。可以说，建构人际关系的能力应列在老板素质的首位。

六、分享：分享是慷慨，更是明智

作为一个老板，要懂得与他人分享，真心诚意，公平分配利益，这样做了以后，你的坦诚就能够产生很强的凝聚力。

当年一百零八将聚集梁山，靠着宋江的治理才兴旺发达的。兄弟们吃香的喝辣的，活得很是快乐。我们来看宋江治理梁山靠的两个手段：其一，建章立制，每个兄弟都各司其职，一百零八人从上到下排了座次；其二，宋江本身作为领导人，知道和自己的手下同甘共苦的道理。每次有收获，宋江都是论功行赏，按劳分配，这种分配很是公平，以德服人。因此在《水浒传》中从来没有一段故事是说宋江独吞利益，中饱私囊的。而就宋江本人来看，他不懂得舞刀弄枪，不懂得舞文弄墨，却可以让手下一班人马踏踏实实地跟着他，是因为什么呢？原因非常简单，就是宋江从来都不让手下吃亏。可能有人从心里不服宋江，但是出于自己利益最大化的考虑，也乐意让宋江做梁山好汉的头儿。

作为老板，一定要懂得与他人分享成果。一个不懂得与他人分享的老板，不可能将事业做大。绩效管理其实包括两部分：第一步是老板怎么和下属分蛋糕；第二步是下属之间怎么分蛋糕，许多公司在精细地做第二步，却忘记了第一步是更为根本性的问题。

中关村有一位老板，几年前在中关村做产品供求信息。当时，中关村做这一行的人还很少，所以一开始这位老板的收入可观，很快就买了车，买了房，但他对自己的员工却很抠门儿，能少给一分，绝不多给一分，他称之为低成本运作。可是，七八年过去了，这位老板的公司已经搬了几次家，但却总是改不了小门脸的寒酸模样，员工们也总是那么寥寥几个，而且总是在不断地更换。中关村竞争激烈，每天都会有很多人的创业梦化为泡影。这么多年过去了，这位老板的事业依旧，但是与和他差不多时间起步，做同样行业，而且是白手起家的郭凡生相比，就差远了。现在郭凡生的慧聪年产值早已过亿，在现代化的写字楼里拥有了上千平米的办公面积，在全国各地还有数十家分公司，郭凡生也早成了亿万富翁。郭凡生和那位老板的区别，就在于他当时愿意听别人提出的"与员工分享"这一建议。

美国著名的心理学家马斯洛就有一个需要层次理论，说人按层次一共有五种需要：①生存需要；②安全需要；③社交需要；

④尊重需要；⑤自我实现需要。

具体到企业环境当中，具体到公司员工身上，这五种需要其实就需要老板与员工共同分享。当老板舍得付出、舍得与员工分享的时候，员工的生存需要、安全需要、尊重需要就都得到了满足。员工出于感激，就会因为害怕失去眼前所获得的一切而产生"自我实现的需要"，通过自我实现，为老板做更多的事，赚更多的钱，做更大的贡献，这样就构成了一个企业的正向循环。

因此，一个老板要懂得与他人分享，真心诚意，公平分配利益。其实这样做，老板同时也保护了自己。生意人都会算账，只不过有些人算的是大账，而有一些人则算的是小账。商业法则呈现出这样一个现象：算大账的人做大生意，做大企业家；算小账的人永远只能做小生意，做小生意人。

分享不能只局限于企业或者是一个团队内部，作为一个老板，和企业外部的人员分享同样重要。王江民经常挂在嘴边的一句话就是：有钱大家赚嘛。这句话他不是只说给自己企业内部人员听的，也说给自己的合作伙伴。而正泰集团的成长史被人称为"修鞋匠南存辉不断股权分流"的历史。南存辉在发展中进行过四次大规模的股权分流，他一个人从最初持股100%，到最后持股28%，其他的股权都主动分流，有钱他也觉得应该和大家一起赚。每一次股权稀释，换来的都是企业的飞速成长。虽然自己的钱流进了别人的口袋里，但是南存辉觉得自己没有吃亏。因为整体上来看自己的股份虽然变小了，但实际上蛋糕做大了，绝对收益会提高了很多倍。

分享不仅是慷慨，对于老板而言，分享更是明智。

七、自省：正视缺点，才能进步

勇于进行自我反省是成功者的一个共同之处。

1992年9月3日，万通成立一周年纪念日，冯仑将这一天确立为万通"反省日"。一直到现在，每年一到公司纪念日，万通的每一位员工都要检讨自己。

其实反省就是一种学习能力。开创事业是一个不断摸索的过程，老板们难免在此过程中不断地犯错误。而反省正是认识错误、改正错误的前提。对老板而言，反省的过程其实也就是学习的过程。究竟有没有自我反省的能力、具不具备自我反省的精神，从而也就决定了一个老板能否认识到自己所犯的错误，能不能改正错误，能不能不断地学到新东西。

事实上大多数成功者，都是曾国藩口中的"中人之质"，并非那些智商高到180、200的人物。然而就是这种并不出类拔萃的人才却走向了成功。那么我们通过这些成功者可以看到什么呢？他们都有一个共同特点，那就是善于学习，勇于反省自我。

　　高德康最初做自己品牌的时候，经常"晚上睡不着，想心事。常常半夜里醒过来一身冷汗"，最后做成了波司登。高德康只是一个普通农民，老家是江苏常熟白茆镇山泾村。说起自己的创业经历，他不无感慨。最初的时候，他组织了几个人做裁缝，给上海一家服装厂加工服装。然后每天从村里往返上海购买原料，接着还要递送成品。这中间的车程有将近100公里，从他们村里到上海南市区的蓬莱公园，他自己背着货包挤车，往往累得满头大汗。他挤车的时间和上班高峰期重合，车挤得不得了，有时候他背着货包好不容易挤上车，还会被人从车上挤下来，最严重的一次甚至把腰给扭伤了。有人见他一身臭汗，骂他乡巴佬。遇到这种事情，晚上他就睡不着觉，他需要反省自己所做的事情——每天反省。一直到后来他的事业做大了，拥有了自己的品牌，自己变成了亿万富翁之后，他仍然保持着自己的习惯。他永远都在反省自己，思考一些问题，后来他特意去高等学府上了一年学，弥补自己的缺点。

　　高德康虽是农民出身，却可以让上海人抢着购买自己的羽绒服，大把大把地将上海人的钞票揣进自己的口袋里，原因何在？现在你终于明白了吧！

　　每一个老板，在创业初期和事业的发展进程中都会遭遇挫折或是遭遇低谷。在这种时候反省能力和自我反省精神就能够很好地帮助他们渡过难关。曾子就说过："吾日三省吾身。"对老板来说，就应该时时刻刻警醒、反省自己，唯有如此，才可以时刻保持清醒。

第八章

老板眼中优秀员工的必备品质

具备什么样的品质才算得上是老板眼中的优秀员工呢？答案有很多，让员工变得优秀的因素同样也很多。作为一个优秀的员工，一定要懂得合作的理念，善于思考，让自信成为最佳的工作动力，坚韧自律，把工作放在第一位，诚实高效地完成自己的工作，从而达到工作目标。

一、合作：合作才能共赢

我们应该都知道TEAM（团队）这个单词，它是由T——Together（共同）、E——Everybody（每个人）、A——Achieve（完成）、M——More（更多）组成。团队成员通常在才能上是互补的，共同完成目标任务的保证就在于发挥每个人的特长，同时注重流程，使之产生协同效应。

如今，"善于与他人合作，具有团队精神"已经成为了公司招聘员工时的一项非常重要的衡量标准。团队精神是现代公司成功的必要条件之一，同样也是一名公司员工获得成功的重要因素。在老板的眼中，优秀员工不一定是能力最强的员工，却一定是最具有团队意识、能够把自己融入到整个团队之中的员工。

杰克·韦尔奇曾经说过："我十分喜欢用富有团队意识的员工，因为在一个公司或一个办公室当中，几乎没有一件工作是一个人可以独立完成的，大多数人只是在高度分工中担任一部分的工作。所以说，只有依靠部门中全体职员的互相合作、互补不足，工作才可以顺利地进行，最终成就一番事业。"

如今专业化分工越来越细，竞争日益激烈，仅凭一个人的力量是根本无法面对千头万绪的工作的。虽然说一个人可以凭借着自己的能力取得一定的成就，但是只有把个人的能力与别人的能力结合起来，才能够取得更大的令人意想不到的成就。

一加一等于二，这是每个人都知道的算术，但是用在人与人的团结合作上，那么创造的业绩就不再是一加一等于二了，而或许是一加一等于三、等于四、等于五……团结就是力量，这是再浅显不过的道理。

当年拿破仑带领法国军队所向披靡，在进攻埃及开罗的时候，他们遭到了前所未有的顽强抵抗，因为埃及的骑兵高大威猛，一个法国士兵根本就打不过一个埃及骑兵，法国军队的前进遭遇了相当大的的困难。后来法国人发现，两个法国士兵可以与两个埃及骑兵打成平手，而一群法国兵就可以打过一群埃及骑兵。因此，法国士兵都做到尽量避免单个人进行战斗，依靠着互相协作，从而最终击败了埃及骑兵。原来，埃及骑兵虽然强悍无比，但是他们却根本不重视合作，只顾自己打自己的，当同伴遇到危险的时候，也不去接应，而法国士兵却重视合作，最终获得了胜利。

一个缺乏协作精神的公司是根本不可能获得进步的，就像几匹马拉一辆车行驶，当所有的马都朝着一个方向、步调协调地奔跑时，车才会有速度。假如几匹马朝着不同的方向前进，那么即使马儿再壮实，车也根本不会前进，步调不一致的话甚至会导致马倒车翻。

因此，协作才能发展，协作才能胜利，这是很多公司领导的共识。所以卡耐基说："放弃协作，就等于自动向竞争对手认输。"所以松下幸之助说："松下不能缺少的精神就是协作，协作使松下成为一个有战斗力的团队。"而朗讯的CEO鲁索说："协作对于今天的公司而言，就是生命。"

善于同他人协作是老板眼中优秀员工的一个重要特征，那么我们究竟要怎样做才会使自己成为一名具备高度协作精神的员工呢？

1. 争取双赢

如果一名员工能够与队友协作，那么他成功了，整个团队也就成功了，从而整个团队就赢了。因此，员工应该与团队里的成员交流信息，寻找共事的方法，这样自己和整个团队都会受益。

2. 配合队友

协作的另一方法其实就是互补。一名员工要善于与队友合作，做到优势互补，不论谁强谁弱，都要注意多与那些配合意识强的人共事，以提高整个团队的竞争力。

3. 关注整体

所谓关注整体，就是全神贯注于团队的整体利益，而不是自己的个人私利。作为团队的一员，当一些事情发生的时候，你应该问"这对团队有什么好处"，而不是问"这样做对我有什么好处"。企业管理专家阿瑟·卡维特·罗伯特斯曾经指出："**任何优异成绩都是通过一场相互配合的接力赛取得的，而不是一个简单的竞争过程。**"

4.关注实效

关注实效就是通过增加团队整体的价值来取得胜利。只要与队友相互配合，就能取得惊人的成绩，单打独斗会丧失很多成功的机会。不管做什么事情，相互协作都会增加做事情的价值和效果。相互协作的过程不但能够充分发挥一个人的才能，而且会激发出队友的潜能。

二、思考：方法总比困难多

　　善于思考的人才能成为成功的人，很多时候，一个人的思考品质直接决定了他的工作效能。老板都非常喜欢那些能够独立思考、善于主动解决问题的员工，如果一名员工善于在工作中主动发现问题、解决问题，那么他迟早会成为老板眼中的重要人物。

　　人与人之所以有很大差异，本质上在于思维方式不同。比尔·盖茨认为，思考是一件很重要的事情，因此他每年抽出两个礼拜让自己与外界隔离，以闭关思考。

　　曾经有一位董事长在谈到自己的成功经验时说："我之所以能够有这样的发展，就是因为我凡事都愿意积极思考，主动去找方法解决问题。我认为现在很多企业界的成功人士，能够从他们的身上发现一个共同的规律——最优秀的人，通常都是最重视思考，也是最善于找方法的人。他们相信凡事都会有方法解决，而且总是会有更好的方法。"这番话可谓金玉良言。

一个优秀员工应该具有怎样的特质呢？专家认为，最优秀的员工都注重思考，懂得自己寻找方法。一个员工如果懂得思考，那么他的工作效能就会提高。在平时的工作中，如果懂得思考，然后主动发现问题并找出解决方法，就会变得优秀起来。而一般员工则会一味地找借口，为自己掩饰，推卸责任。一个人只有变得优秀了，才可能成为老板眼中的"关键员工"。

作为华人首富，李嘉诚的名字可谓是家喻户晓。他能够成为首富，并非没有规律可循，从打工时，他就是一个善于思考和解决问题的高手。

李嘉诚的父亲非常希望自己的儿子能够考个好大学，但是父亲的突然去世让他的梦想破灭了，家庭的重担全部落到了才十多岁的李嘉诚身上，他不得不靠打工来维持整个家庭的生存。刚开始的时候他在茶楼做跑堂的伙计，后来应聘到一家企业当推销员。推销员首先要能跑路，这一点倒难不倒他，以前在茶楼成天跑前跑后，其实早就练就了一双好脚板，可最重要的还是如何千方百计把产品推销出去。

李嘉诚有一次去推销一种塑料洒水器，连走了好几家都无人问津。眼看着一上午就这么过去了，他却一点儿收获都没有，如果下午还是毫无进展，那么他回去将无法向老板交代。

虽然说推销得不顺利，但他还是不停地给自己打气，精神抖擞地走进了另一栋办公楼。他看到楼道上的灰尘非常多，突然灵机一动，没有直接去推销产品，而是去洗手间往洒水器上装了一些水，将水洒在楼道当中。正是经他这样一洒，原来很脏的楼道一下子就变得干净起来。这一来，他马上引起了该办公楼主管的兴趣，一个下午他就卖掉了十多台洒水器。

很多人问李嘉诚推销为什么成功，原因就在于他把握了推销的诀窍——听别人说得再好，不如亲眼看到好；看到怎样好，不如使用起来能证明效果。在做推销员的整个过程当中，李嘉诚非常重视分析和总结。他干了一段时期的推销员之后，公司老板就发现，李嘉诚跑的地方比别的推销员都多，成交的产品也最多。他是怎样做到这一点的呢？他首先将香港分成几片，对各片的人员结构进行分析，了解哪一片的潜在客户最多，有的放矢地去跑业务，重点出击，这样一来，他获得的收益自然要比别人多。

纵观李嘉诚的奋斗历史，事实上就是一个不断用思考来改变命运，用智慧赢得成功的历程。我们通常都生活在一种习惯当中，面对生活中的变化，总是习惯于过去的思维方式。人一旦形成思维定势了，解决问题的思路就会有所局限。我们或许都听过这句著名的话：思路决定出路。假如在工作中试着将自己的心径扩大1毫米，你就一定会发现工作中充满了创意、机遇和挑战，方法总会比问题多，善于思考的你必将成为老板眼中的优秀员工。

三、自信：最佳的工作动力

小托马斯·沃森曾经说过："对于任何一个公司来说，如果要生存并且获得成功，那么就必须有一套健全的原则，可以供全体员工遵循，但是最重要的就是，大家要对这个原则充满自信。"

自信心对一个人的成长有着相当重要的意义，它可以支持强者渡过难关，帮助弱者赢得成功。在一个人的整个职业生涯当中，只有对工作充满信心，保持热情与活力，才能够有所成就。在工作当中，坚守个人的行为准则，对其充满信心，并坚定不移地坚持到底，这就是每一名优秀员工必须具备的基本品质。

古希腊大哲学家苏格拉底在自己临终之前曾经留下这样一句名言："最优秀的人其实就是你自己。"这句话点破了古往今来一切成功的奥秘，它其实是每一个渴望在事业上有所作为的人应当奉行的至理名言。

苏格拉底在风烛残年之际，知道自己时日不多了，所以想考验和点化一下他那位平时看来非常不错的助手，于是他就把助手叫到自己的床前，说："我的蜡烛所剩不多了，得找另一根蜡烛接着点下去。你明白我的意思吗？"

"明白！"那位助手赶忙说，"您的思想光辉一定要很好地传承下去……"

"但是，"苏格拉底慢悠悠地说，"我需要一位最优秀的承传者，他不但要有相当的智慧，还必须要有充分的自信心和非凡的勇气……这样的人选至今我还未见到，你帮我寻找和发掘一位，好吗？"

"好的，好的。"助手很温顺、很郑重地说，"我一定竭尽全力地去寻找，不辜负您的栽培和信任。"

苏格拉底笑了笑，没有再说什么。从此之后，那位忠诚而勤奋的助手就开始不辞辛劳地通过各种渠道为苏格拉底寻找最优秀的继承者，但是他领来的人都被苏格拉底一一谢绝。最后，直到苏格拉底眼看就要告别人世了，这个人选还是没有任何眉目。助手表示非常地惭愧，泪流满面地坐在苏格拉底的病床边，语气沉重地说："我真对不起您，令您失望了！"

"失望的是我，对不起的却是你自己。"当苏格拉底说到这里，很失望地闭上眼睛，停顿了许久才不无哀怨地说："本来，最优秀的就是你自己，只是你不敢相信自己，才把自己忽略、耽误甚至丢失了……事实上，每个人都是最优秀的，差别就在于怎样认识自己，怎样发掘和重用自己……"

话还没有说完，这位哲人就永远离开了。

在老板眼中，最优秀的员工其实就是员工自己，在所有的员工当中，老板最喜欢的就是那些充满自信的员工。在工作中，自信同时可以帮助员工克服一些性格上的缺陷，促使他取得更大的成就。

培植自信就是让自己说出"我是最优秀的人"，这才是成为老板眼中优秀员工最关键的一步。那么，我们究竟该怎样才能培养出自己的自信呢？

1. 从小目标做起，改变自己自卑的心理状态

许多人自卑的心理是在多次碰壁、屡遭挫折后形成的。因此，我们要克服自卑，就不要好高骛远，要确立合适的目标，从小事做起，一步一步地去做那些自己能力所及的事，来改变自卑的心理状态。

2. 要正确对待过去所发生的一切，特别是要努力从过去的心理创伤中摆脱出来

别总是责备自己，要学会这种思维方式：当想到过去不愉快的事的时候，要迅速地转移目标，经常地用一些愉快的事情来调节自己。学会改变自己内心的忧愁，才是消除自卑感的有效方法。

3. 不要为自己的缺陷背包袱

假如自己有缺陷，不要用有色眼镜来看待自己。你要坚信这一点：当你用自己顽强的毅力获得成果的时候，社会对你将会更加地

尊敬。

4. 不要让自己有太强的虚荣心

自卑与自傲看来距离很大，实际上却是一对孪生姐妹。外国学者斯宾诺莎说："自卑虽与骄傲相反，但实际却与骄傲最为接近。"通常而言，自卑心理强的人往往表现得自尊心很强，他们的心理包袱太大，不能轻装前进。事实上完全没有这个必要，这个心理包袱是他们自己背上的，是自寻烦恼的结果。

5. 最重要的就是要正确地认识自己

著名学者爱默生曾经这样说过："自信是成功的第一秘诀。"那些自卑者总是不能正确认识自己，看不起自己，不相信自己，从而也就不会相信自己的力量。他们总是会有一种无力感，做什么事情总是会自暴自弃，什么都要依赖别人，结果是什么事情都做不好。

四、自律：管理好自己才能管理好别人

杰克·韦尔奇曾经这样认为，作为一名优秀的员工，就应该具备出色的自我管理能力，一个连自己都管理不好的人，是不可能胜任任何职位的。当然，最终他也根本不会成为一名好员工。

对于自我管理的问题，诙谐作家杰克森·布朗就曾经做过一个非常有趣的比喻："缺少了自我管理的才华，就好像穿上溜冰鞋的八爪鱼。眼看动作不断可是却搞不清楚到底是往前、往后，还是原地打转。"倘若你有几分才华，工作量也的确不少，但是却始终无法取得老板的赏识，那么你就很有可能缺乏自我约束的能力。

曾经有一位立下赫赫战功的美国上将，他去参加一个朋友孩子的洗礼，孩子的母亲请他说几句话，以作为孩子漫长人生征途中的准则。这个时候将军就把自己历经征战苦难最后荣获崇高地位的经历，归纳成了一句非常简短的话："教他懂得如何自制！"

事实上很多人在职业生涯过程当中，都很难在一开始就具备出色的自我管理能力，通常都是在经历了他律、协助性自我管理之后，才最终能实现真正意义上的自我管理。

人的大脑就是老板，四肢及各大脏器系统就是招来的兵马，这其中就存在团队建设的问题，而人体团队建设的首要任务是抵制诱惑和克服惰性，简称"自律"。自律能力在完善一个人的个性方面起着巨大的积极作用，假如说一个人没有自律能力，那么他在工作上的敬业程度就会大打折扣。

一家大型企业的人力资源经理曾举过这样一个例子：我们的上班时间通常是8点30分，有的人8点20就到了，有的人8点30到，也有的人8点40才到。在平时根本看不出这三类人有什么本质的区别，可是就在这样关键的时刻，或许就是因为迟到10分钟的习惯耽误了大事。换句话说，每个人自律能力的不同导致后果的不同。

当你真正意识到自我管理的重要性，并且在工作当中加以实现的时候，你一定会发现，你的生活习惯与工作习惯都会因此得到一定的提高。无论做什么事，你都会有条理可循，做事稳重，不留后患。同时你在同事与老板眼中，是一个严格要求自己的优秀员工，是一个足以让人放心的人。**所以，唯有具备良好的自我管理能力，才可以称得上是一名优秀的员工。那么，我们应该从**

哪些方面入手来提高自己的自我管理能力呢？

1. 行为规律化

富兰克林在《我的自传》一书中，将自制作为自己获取成功的十三种美德之一，他认为自己取得的成就主要获益于"做事有定时，置物有定位"的良好习惯。想成为一名优秀的员工，就应当像富兰克林那样，学会使自己的行为规律化。

2. 控制情绪

衡量一个人自制力的强弱，关键就看他能不能有效地控制自己的情绪。著名作家奥格·曼狄诺曾说："强者与弱者的唯一区别在于，强者用行为控制情绪，而弱者只会任由情绪主宰自己的行为。"

3. 坚持思考

假如不开动脑筋，就不可能把事情做好。就算你是个天才，要想做好事情，也必须要勤于思考，充分运用上帝赋予的才智。如果一个人能够始终让大脑保持活跃状态，经常思考一些富有挑战性的问题，不断探索需要认真对待的事情，那么他一定能培养起有规律的思维习惯，这对于控制个人行为将会很有帮助。

4. 学会强化自己的工作习惯

学会总结一下你的任务和行为，看一看你的方向是否都是正确的，每天做些必须做的事，这样才能强化你的工作习惯。

5．试着挑战自我

为坚定你的信念和决心，选择一项超出你想象的任务，全身心投入其中并完成它。你为此必须要做到思维敏锐，同时控制好自己的情绪，并使你的行动规律化。这样坚持下去，你就会发现自己能做到的远远超出自己原先预期的。

五、坚韧：放弃是失败者的行为习惯

　　每一位成功人士都会发现，巨大的成就恰恰是在他们坚信自己的想法能够实现的那一天实现的。布瑞斯·巴勃在《游骑兵巴勃之路》中曾经这样写道："每一个成功人士，在面临挑战时，都具有坚持不懈的耐力，而他的竞争者则失败了，因为他们不具备这种品质。"

　　英国前首相丘吉尔下台之后，有一次应邀在牛津大学毕业典礼上演讲。那天他坐在主席台上，打扮一如平常，还是头戴高帽，手里夹着雪茄。

　　主持人隆重冗长的介绍之后，丘吉尔缓缓地走上讲台，用他那种特别的丘吉尔式的风度凝视着观众，足足等了30秒之后，他终于开口说话了，而他所说的第一句话就是："永不放弃。"然后他又凝视了观众足足30秒。他说的第二句话则是："永远，永远不要放弃！"接着又是长长的沉默。然后他说的第三句话是："永远，永远，永远不要放弃！"他又注视了观众片刻，然后迅速地离开了讲台。台下数千名观众明白过来，场上立即响起了雷鸣般的掌声。

这其实是史上最短的一次演讲，也是最脍炙人口的一次演讲。

肯德基创始人、美军退役上校桑德斯的创业史无处不体现着"坚韧"二字。桑德斯从军队退役的时候，妻子已经携幼女离他而去。当时家里只剩下他一个人，生活十分寂寞。所以他总想做点事情，但是戎马大半生，除了操枪弄炮，其他的他什么都不会做。

经历了多年的沧桑奋斗，年过花甲的他最终想到了自己曾经试验出的炸鸡秘方，于是他便找了几家餐馆要求合作，但是最后都遭到了拒绝。于是，他又开着自己那辆破旧的老爷车，从美国的东海岸到西海岸，花了两年多的时候推开过1008家餐馆的大门，但是都没有取得成功。当桑德斯试着推开了第1009家餐馆的大门时，这家老板真正被他的精神所深深打动，买下了炸鸡的秘方。桑德斯以秘方作为投资，得到了这家餐馆的股份。后来他的事业慢慢发展壮大，肯德基终于遍布美国，到现在已遍布世界许多角落。

通常，坚韧的员工总是有一种不达目标誓不罢休的精神，而在老板的眼中，他们正是那种能够"把信带给加西亚"的人。假如你在工作当中失去了这种坚韧的精神，那么你就将在老板的眼中身价倍减。那么，我们究竟要怎样才能够培养自己坚韧的品质呢?

1. 下定决心主动做工作，不要等待命运的安排

坚持不懈的人不会仅仅凭借运气来取得成功，当处境不利的时候，他们同样会坚持工作，这是因为他们懂得，即便是在最艰难的时刻也不能放弃努力。这才是成功的关键所在。成千上万的人会选择放弃，但也有一些人会像托马斯·爱迪生那样坚持不懈。因此爱迪生曾经这样说:"我是在别人都停下来的地方开始的。"

2. 在工作完成后而不是感到累的时候退出

罗伯特·施特劳斯曾经说过:"成功有点儿像在与一只长颈鹿搏斗。当你感到疲惫不堪的时候，你不能放弃;当长颈鹿累了的时候，你就可以歇息了。"在接力赛跑中，真正起作用的是最后一步;在篮球比赛中，最关键的是最后一投;在橄榄球比赛中，距离终点区域的最后一码才是赢得比赛的关键。

3. 倾注全力，但需量力而行

一些人缺乏坚持不懈的精神，因为他们以为那样做会超出自己的能力范围，于是他们便不再督促自己。其实，坚持不懈就是要求你付出百分之百的精力。假如你尽了全力，你就可能抓住每一个成功的机会。

美国独立战争期间，乔治·华盛顿仅仅赢了三场战争，但都

对赢得战争最后的胜利起到了关键的作用，因此英军将领康沃利斯在约克镇向华盛顿投降的时候对他说："先生，我佩服您不仅因为您是一位杰出的将领，而且因为您是一位不屈不挠、永不放弃的绅士。"

所以说，坚韧是所有成功人士必备的品质。

成功者绝不放弃，放弃者绝不成功，机会对于每一个人都是公平的，假如你坚持梦想不懈追求，在工作中从不轻言放弃，你就一定能够成为老板眼中最优秀的员工，也就一定能够取得自己事业上的非凡成就。

六、高效：正确地做事与做正确的事

如今，时间管理是现代人必备的一项工作技能，同时也是提高个人工作效率，从而最终赢得老板青睐的最有效武器。一个人要想赢得老板的赞赏和关注，要想获得比别人更高的成就，就必须学会有效地利用时间。成功的职场人士都是那种能够有效利用每一分钟、珍惜每一分钟的人，他们使得自己每一分钟都具有价值。这样的人是高效率的人，他们才是老板们器重的人。

美国麻省理工学院曾经对3000名经理做了一项调查研究，结果发现，凡是成绩优异的经理都能够非常合理地利用时间。一位美国保险人员自创了"1分钟守则"，要求客户给予他1分钟的时间，让他介绍自己的工作服务项目。1分钟一到，他马上自动停止自己的话题，谢谢对方给予他1分钟的时间。由于他遵守自己的

"1分钟守则"，所以在一天的经营时间当中，付出和业绩总是能成正比。

有这样一家公司，老板为了提高开会的质量，所以就事先准备了一个闹钟，开会的时候每个人只准发言6分钟，时间一到闹钟就开始响铃。这个措施不仅使开会变得更加有效率，也让员工特别珍惜开会的时间，把握发言的时间。

要有效利用时间，还要善于挤时间。一位优秀的经理曾经在介绍自己成功经验的时候这样说："时间是挤出来的，你不去挤它就不会出来。一天时间赋予每个人的都是24小时，你不善于挤，就会跟许多平庸的职场人士一样，忙忙碌碌却只是庸庸碌碌地度过一生。"

职场中的你，如果想要获得别人无法比拟的竞争优势，成为老板眼中的优秀员工，你就要做好个人的时间管理，不光要能够利用每1分钟的价值，更要善于找出"隐藏"的时间，并且加以有效地利用，从而做到不浪费每1分钟。

小张是一家公关公司的客户经理，他一年大约能够接下100个案子，所以有很多时间是在飞机上度过的。小张认为和客户维持良好的关系非常重要，因此他经常利用飞机上的时间写短笺给他们。

有一次，一位同机的旅客在等候提领托运行李时和他攀谈起来："我早就在飞机上注意到你，在2小时48分钟里，你一直在写短笺，我敢说你的老板一定以你为荣。"

小张笑着说："我只是有效地利用自己的时间，不想让时间白白浪费而已。"

"80/20法则"非常著名，它是在告诉我们，一定要避免将时间花在琐碎的多数问题上，因为就算花了80%的时间，也只能取得20%的成效。应该将时间花于少数重要的问题上，因为解决这些少数重要的问题，只需花20%的时间，就可以获得80%的成效。我们每个人每天都要面对很多事情，按照轻重缓急的程度，可以分为以下四个层次：重要且紧迫的事；重要但不紧迫的事；紧迫但不重要的事；不紧迫也不重要的事。

在实际的工作当中，我们所要明确的就是，应该先干重要且紧迫的事情，通常这一类的事情做得越多，我们的工作效率就会变得越高。

我们需要时刻提醒自己："这个时候，什么才是我利用时间的最佳方式？"通常在每月事先安排的工作计划当中，除了应该为重点的项目留出额外的时间外，还要让工作有所变化并保持平衡。

七、诚实：珍贵的职场美德

诚实是一名优秀员工所必须具备的美德之一。诚实的人必定会得到人生的奖赏，不诚实的人等待他的终将是失败和一无所有。作为一名员工，唯有诚实坦荡，才可以赢得他人的信赖和敬重，让老板乐于接纳。

一位英国作家名叫哈尔顿，他为了编写《英国科学家的性格和修养》而采访达尔文。达尔文的诚实是人尽皆知的，所以哈尔顿就毫不客气地直接问："您主要的缺点是什么？"

达尔文回答说："我不懂数学和新的语言，缺乏理解力，不善于合乎逻辑地思维。"

哈尔顿又问："那么您的治学态度是什么？"

达尔文又答："我非常用功，但是没有掌握学习方法。"

听过这些话的人无不为达尔文的坦率和诚实而顿生敬佩。

像达尔文这样蜚声全球的大科学家，在回答问题的时候说几句不痛不痒的话，甚至为自己的声望再添几圈光环，应该不会有人产生什么异议。可是达尔文却并没有这样做，他是诚实的，有一说一，甚至把自己的缺点毫不掩饰地袒露在别人面前，别人都为他的诚实所感动，从心底深处喜欢他、敬佩他，因为只有品质高尚的人才能做得到这一点。

事业成功的人大多都比较诚实，这是成功者所必备素质之一。

吉姆·伯克是美国强生制药公司的总裁。20世纪80年代初期，强生制药公司的主导产品泰米诺尔胶囊在芝加哥被人用做了杀人工具，其手段十分简单——凶手把胶囊中的醋氨酚粉剂换成了氯化物，装瓶后再放回货架上销售。虽然真正的产品一点问题都没有，可是人们已经对它产生了恐惧心理和不良印象，因此产品销量锐减，强生公司面临破产的危险。

很多人都在为吉姆·伯克担心，担心他处理不好局面，公司与消费者之间的关系就会变得更加紧张，他自己很可能就会成为盛怒之下公众的靶子。吉姆·伯克镇定地认为，此时不是发表一篇由律师精心审查的不署名的公告的时候，更不是担心和逃避他人责难的时候，而是一定要正视公愤的时候。他认为，自己应该诚实地站在公众面前，让公众理解公司也和他们一样是受害者。随后，吉姆·伯克发表了一段非常诚实的讲话，他对人们说："一个拥有60亿美元资产的跨国公司，就像一个孩子多、负担重的贫困家庭……它希望用自己的真心换取大家的真心……现在我们同坐在一只小木筏上，随波逐流，面临同样险恶而孤立无援的境地。我们应当同舟共济，共渡难关。"

虽然这些话十分浅显，但是却令人感到温馨和感动。吉姆·伯克的话换来了大家对他的信任、谅解和合作，他不光保住了泰米诺尔这个牌子，同时还维护了公司的形象，他使公众认识到，吉姆·伯克就是他们的朋友。更令人意想不到的就是，经过了这一次风波，泰米诺尔胶囊的销售份额比事故前超出了50％。

诚实是一种美德，是做人的根基。诚实比人的其他品质更能深刻地打动人的内心。如果一个人是诚实的，在顺境的时候会有人相助，在逆境的时候也会有人搀扶。

假如你不诚实，不讲信用，那么别人自然就不会信任你，会对你心存戒惧。试想一下，又会有哪一个老板愿意重用一个不诚实的部下呢？不受老板重用的员工又怎么会成功呢？

八、目标：成功就是目标的达成

博恩·崔西曾经说过："成功其实就是目标的达成，其他的都是这句话的注解。"一名优秀的员工就必须要有强烈的目标意识，不但要对自己目前的工作有一个明确的计划，同时还要对自己的职业生涯、人生发展有合理的规划。曾经有一位老板谈到自己怎样挑选员工的时候说："无论怎样，我们是不会挑选一个不清楚自己目标的员工。"

一位哲人也曾经这样说过，除非你清楚自己要到哪里去，否则的话你就永远到不了自己想去的地方。要成为公司的优秀员工，我们首先就应该培养自己的目标意识。

曾经有一位父亲带着他的三个孩子去打猎，他们一同来来到了森林。

"你看到了什么呢？"父亲问老大。

"我看到了猎枪、猎物，还有茂密的森林。"老大回答。

"不对。"父亲摇摇头说。

接着父亲又以相同的问题问老二。

"我看到爸爸、大哥、弟弟，猎枪、猎物还有茂密的森林。"老二回答。

"不对。"父亲又摇摇头说。

父亲又接着问老三。

"我只看到了猎物。"老三回答。

"答对了。"父亲高兴地点点头说。

老三答对了，因为老三看到了目标，而且清晰地看到了唯一的目标。

博恩·崔西曾经说："成功最重要的是知道自己究竟想要什么。成功的首要因素是制订一套明确、具体而且可以衡量的目标和计划。"

在这个世界上有着这样一种现象，没有目标的人在为有目标的人达到目标。事实上，有明确、具体目标的人就如同有罗盘的船只一样，有着明确的航行方向。在茫茫的大海之上，没有方向的船只有跟随着有方向的船前行。

有目标未必就能够成功，但没有目标的人一定不能成功。顶尖成功的人士不是成功了才设定目标，而是设定了目标然后才成功。能成功登顶主峰的人，都是一路拒绝偏离目标的诱惑，对目标有执著定力的人。

你想要成功就必须要设定目标，没有目标则是不会成功的。目标其实就是方向，就是成功的彼岸，就是生命的价值和使命。设定目标的内容通常有：我到底想要做一个什么样的人？我究竟想要什么？我想得到什么结果？

目标对于一个人的影响非常大，概括起来主要有以下几点：

①目标使我们感觉到生命的意义和价值；

②目标能够产生积极的心态；

③目标能使我们更有效地分配时间；

④目标能使我们把重点从过程转向结果；

⑤目标使我们有方向感，不迷失自己；

⑥目标让我们产生信心、勇气和胆量；

⑦目标让我们能集中精力，全力以赴。

在老板眼中，优秀员工都有着一个普遍的特点，那就是他们的目的性都非常强，做任何工作都不会漫无目标。他们总是清楚自己在做什么以及这么做的原因。对一个团队而言，要想成功的话就需要拥有那些目标明确、专心致志、做出成效的人。

成为一个目标明确的优秀员工必须要注意下列几点：

1. 设立人生目标

人生一定要有目标。通用电器研究实验室主任威利斯·R·怀特尼曾经表示："有的人在解释为什么他们不能做他们想做的事时，可以找出千万条理由，而他们只需要一条理由就可解释为什么他们能做。"

2. 要充分了解自己的优点和缺点

通常人们愿意做自己擅长的事情，并会精神饱满全力以赴。如果你对自己的优缺点有清楚的认识，明白自己能做到哪种程度，那么你就会目的明确地利用你的时间和精力，效果就会更加显著。

3. 要明白任务的重点

一旦你明白了自己为什么而生活，你就能很容易计划出该做什么和什么时候去做。《瓦尔登湖》的作者亨利·戴维·梭罗说："一个人在这个世界上不可能事事都做，只能做一些事情罢了。"这就意味着在你行动之前，你必须知道重点何在，并努力地去做。

4. 要学会说"不"字

一个有目的性的人应该学会怎样说"不"。而对于有些人来说，这其实是相当困难的，所以对任何事他们都倾向于说"行"。但是面面俱到通常就会一事无成。假如你想做好每一件事情，那么你在工作中是不可能取得什么辉煌成绩的。

5. 目标一定要大小结合，长短结合

既要设定长远目标、大目标，又要设定短期目标、小目标。事实上成功也就是每天进步一点点。通常来说，短期目标、小目

标都比较容易实现，而实现了一个短期目标或小目标能增加自己冲刺下一个目标的信心和动力。实现了所有的短期目标、小目标，长远目标、大目标自然也就实现了。

第九章

老板 为自己工作也为我们工作

对老板感恩？——是不是我们搞错了？没有，作为员工，应该对老板怀有一颗感恩的心。你要懂得，老板兢兢业业、勤勤恳恳，不光是在为自己打江山，也是在为每一个员工谋福利。因此，我们应该感谢老板为我们提供了工作的机会，更要怀着感恩的心努力工作去回报老板。

一、对工作心存感激

其实在每一份工作当中都会有许多宝贵的经验和资源，比如说失败的沮丧、成长的喜悦、温馨的工作伙伴、值得感谢的客户等，这些都是成功者必须体验的感受和必需具备的财富。作为一名员工，每天怀着感恩的心情去工作，一定会收获很多。

感恩如今也已经成为一种被广泛认同的职场理念。然而，人们却常常因为一个陌路人的点滴帮助而感激不尽，却总是无视与自己朝夕相处的老板的种种恩惠和工作中的种种机遇。这种心态导致他们轻视工作，并把公司、同事对自己的帮助视为理所当然，甚至还时常牢骚满腹、抱怨不止，自然就更谈不上恪守职责了。

其实，每一份工作或每一个工作环境都不可能尽善尽美，但是假如你能够每天都怀着感恩的心情去工作，在工作当中始终牢记"拥有一份工作，就要懂得感恩"这个道理，你一定会收获得更多。

感恩的心态可以改变一个人的一生，只要我们对周围的点滴关怀或任何工作机遇都怀有强烈的感恩之情，我们就会竭力回报这个美好的世界，就会努力做好手中的工作，努力与周围的人愉快相处。如此一来，我们不仅心情会更加愉快，所获的帮助也会更多，工作也会更出色。

一个小伙子大学毕业，即将踏入职场，他问父亲应该如何开始自己的职场之路，父亲只说了一句话："遇到一位好老板，一定要忠心为他工作；假如第一份工作就有很好的薪水，你的运气就非常好了，一定要努力工作以感恩惜福；万一薪水不理想，就要懂得在工作中磨炼自己的技艺。"

所有的年轻人，尤其是即将进入职场的年轻人，都应将上述那位父亲的话牢牢记在心底，始终秉持这个原则在职场中为人做事。在工作中无论做任何事，都应抱着一种学习的态度，将每一次任务都视为一个新的开始，一段新的体验，一扇通往成功的机会之门。

我们应该认识到，是工作为你展开了广阔的发展空间，也是工作为你提供了施展才华的平台。因此，每个人对工作所带来的一切都要心存感激，要力图通过努力工作回报社会来表达自己的感激之情。

感恩会使你变得知恩图报，你将不仅拥有良好的心态，而且会懂得奉献。当你抱着感恩的心情工作时，你的工作就会变非常愉快，与此同时你也会工作得非常出色。

如果你不懂得感激，那么你可能会陷入一种非常消极的心态中，对四周的环境开始不满，挑剔客观存在的现象。如果你的整个内心都被这种不满所占据，那么你的心态就会丧失平和、宁静。如果你接受自己这种消极心态，并且习惯于挑剔这些琐碎的环境因素，你会变得更消极、暴躁，只看得见一些阴暗的事情，这样下去你会变得消极，有一天你会发现自己身边没有阳光，只有越来越多的阴暗围绕着你，让你难以摆脱。与此相反，假设一个人的注意力都集中在积极的事情上，那么他本人就是一个积极向上的整体，也会大有作为。

一个希望在事业上能够大展拳脚的年轻人，他应该将目光从别人的身上转移到自己手中的工作上，心怀对工作的感激之情，多花一些时间，想想自己还有哪些需要改进和提高的地方，看看自己的工作做得够不够完美。他从不浪费时间去分析或抨击高高在上的公司官僚，或是无休止地指责在某些地方不如自己的部门主管，更不会一味地去贬低别人以提高自己。因为他明白，抨击和指责他人只能破坏自己的进取心，徒增不好的情绪。

请你带着一种从容、坦然、喜悦的感恩心情去工作吧！把对老板和对公司的感恩之情化成工作中的动力，你终将会获得最大的成功。

二、主动站出来为老板分忧解难

当老板被公司事物缠得焦头烂额的时候，每个员工都应该想一个问题："我能为老板做些什么呢？"老板在工作上"触礁"时，往往就是迫切需要帮助的时候，优秀的员工会主动站出来，挺身而出，施以援手，而非袖手旁观。

通常而言，老板愿意做大事，不愿做小事；愿做"好人"，而不愿充当得罪人的"坏人"。在这种情况下，老板很希望有一个下属能出来分担责任，为他分忧解难。

某饮食公司因为产品质量问题引起社会公众的投诉，电视台记者到该饮食公司采访时，阴差阳错地先逮到了经理助理杨某，杨某怕承担不起责任，就对记者说："我们老板正在办公室，你们有什么事直接去问他吧！"一时间，众多记者涌进了老板办公室，把老板逮了个正着，老板想躲也躲不开了，又毫无心理准备，只好硬着头皮接受了采访。事后，老板得知杨某不仅未能提前给自己报信，还推卸责任，一气之下就把杨某炒了"鱿鱼"。

在上述小故事中，记者由于产品质量问题前来采访，这本身不是一件光彩的事情。此时老板最需要的就是下属挺身而出，甘当马前卒，替自己演好一场"双簧"戏。作为员工，杨某除了应该实事求是地讲明问题的原因外，还要学会维护领导的面子，替老板分忧，而不应该把事情全推到老板一个人身上了事。

老板管辖范围的事情很多，但并不意味着每一件事情他都愿意干、愿意出面、愿意插手，这就需要有一些下属去干，去代替领导摆平纠纷，甚至出面挡驾，替他分忧解难，这样的员工才最容易赢得老板的信任和赏识。

信访办公室每天都会遇到大量的上访者。小赵是某办公室的科员，每天都会遇到要求见领导解决问题的群众。但是一个人的时间和精力都是有限的，如果每个人都要惊动领导，势必会影响到全局的工作，毕竟领导也是一个普通人。作为下属肯定应该为领导分担应该分担的责任，于是每当这个时候，小赵就会摸清情况，解决纠纷，进行协调，甚至在必要的时候在一定限度内会采取些强制手段，制止那些无理取闹、胡搅蛮缠的人。一旦查实确有重大问题，小赵就会立刻向领导请示，不耽误群众的要事。问题在他这儿总能处理得井井有条，群众们都拍手称快，小赵也获得了领导的赞扬。

其实挡驾是件得罪人的事，但同样也是一门艺术。假如做得不够，事事呈给领导，就会加重领导的负担；假如做得过分，则会影响领导与下属的关系。因此，这就需要下属敢于负责，对情况予以核实和整理，最后再征求领导的处理意见。只要处理得体，你的良苦用心就一定会为领导所理解，领导也会给予你更多的鼓励，这就为你建立良好的上下级关系奠定了一个有利的基础。

三、最不受老板欢迎的员工

在职场中通常有这样两个问题：第一，作为老板或总裁，你最不欢迎哪些员工？第二，你最喜欢什么样的员工？这两个问题是在清华大学举办的一个高级总裁班上，组织者曾经向学员们提出的。

每一个人都关心自己的命运和前途，如果一个人不了解这两个问题的答案，那么他在职场当中就会碰很多次壁，走很多的弯路，其发展也将受到极大的制约。假如他知道了正确答案，成功的几率就会大大地提高。

一家企业的老总在接受某电视台采访时讲了这样一个故事：

20世纪70年代，索尼电器在日本国内很畅销，但是在美国市场的销售却相当惨淡。那时候，大多数美国人都觉得日本货就是劣质产品的代名词。因此被索尼公司派到美国的负责人一个个铩羽而归。他们为自己的失败找出了一大堆借口，希望以此来为自己的失败开脱。

索尼公司不甘心放弃美国市场，于是任命卯木肇为索尼海外部部长。上任伊始，他便被委派到了芝加哥。风尘仆仆的卯木肇一到达芝加哥市，发现当地的寄卖商店里，索尼彩电根本无人问津。他不禁沉思：为什么在日本国内十分畅销的优质产品，在美国会无人理睬呢？他决心找出问题的症结所在，经过一系列的调查，卯木肇终于摸清了问题的原委。原来，以前派来的负责人在面对惨淡的市场时，非但没有想出好办法来改进，还在糟蹋着索尼公司的形象。他们曾多次在当地的媒体上发布减价销售索尼彩电的广告，使得索尼这个牌子在当地消费者心目中进一步形成了低贱、次品的糟糕印象，索尼彩电的销售由此越发地受到严重的打击。

在糟糕的现实面前，卯木肇并没有放弃，他认为必须解决的首要问题是改变索尼彩电在美国人心中既成的糟糕印象。经过数天的苦苦思索，"带头牛效应"启发了卯木肇，他决定找一家实力雄厚的电器零售商作为销售突破口，开辟索尼彩电新的销售局面。卯木肇最先想到的是马歇尔公司——芝加哥市最大的电器零售商。第二天一大早，他就前去求见马歇尔公司的总经理，由于总经理不在，他被拒之门外。第三天，他特意选了一个估计总经理比较清闲的时间去求见，而这次所得到的回答是"总经理外出了"。第四天，当他又一次登门的时候，总经理终于同意接见他，但很坚定地拒绝售卖索尼的产品。总经理认为，索尼的产品总是降价销售，形象太差。卯木肇非常恭敬地倾听着总经理的意见，一再地表示要立即着手改变产品的形象。

回到办公室，卯木肇立刻让人从寄卖店里取回了货品，并且取消了减价销售的措施，还在当地报纸上重新刊登了大面积的广告，大张旗鼓地重塑索尼形象。做完了这一切后，卯木肇再次敲响了马歇尔公司总经理的门。这次卯木肇听到的拒绝理由是"索尼公司的售后服务太差，无法销售"。于是，卯木肇迅速成立了索尼特约维修部，全面负责产品的售后服务工作，同时在报刊上重新刊登广告，特别附上特约维修部的电话和地址，承诺24小时为顾客服务。

虽然卯木肇做出了种种努力和承诺，但是马歇尔公司还是不愿意销售索尼公司的商品。卯木肇依然没有放弃，他又另出新招，规定每个员工每天拨五次电话，向马歇尔公司求购索尼彩电。马歇尔公司被接二连三的求购电话搞得晕头转向，以致员工误将索尼彩电列入"待交货名单"。总经理大为光火，这一次他主动约见了卯木肇，一见面就大骂卯木肇扰乱了他们公司的正常工作秩序。卯木肇只是微笑着听总经理的责骂，待其发完火之后，他才用和缓的语气对总经理说："我几次求见您，一方面是为本公司的利益，但同时也是为了贵公司的利益。在日本国内最畅销的索尼彩电，一定会成为马歇尔公司的摇钱树的。"在卯木肇的屡次进攻下，这位经理终于同意试销两台，不过，条件是如果一周之内卖不出去，立马搬走。

卯木肇满口答应。为了开个好头，他亲自挑选了两名得力的销售干将，把百万美金订货的重任交给了他们，要求他们破釜沉舟，如果一周之内这两台彩电卖不出去，就不要再回公司了……这两个人果然不负众望，在当天下午四点钟，他们就为卯木肇送来了好消息。紧接着，马歇尔公司又追加了两台，都在当天卖出。就这样，索尼彩电终于如愿挤进了芝加哥的"带头牛"商店。随后，进入家电的销售旺季，短短一个月内，索尼彩电竟卖出了700多台。索尼和马歇尔从中获得了双赢。自从有了马歇尔这只"带头牛"开路，芝加哥市的一百多家商店都对索尼彩电倍加青睐，不到三年的时间，索尼彩电就占据了芝加哥市电器市场份额的30%。

讲故事的老总强调说，这个故事他企业中的每一个员工都听过。他常常给自己的企业员工讲这个故事，目的是要让企业里的所有员工都明白：唯有像卯木肇那样即便遇到任何困难和糟糕处境，都能想尽办法去努力解决的员工，才是企业和组织真正需要与器重的人才。

有一些员工总是令人失望，一些企业的业务员在早晨打卡报到之后，总是出门偷闲。有的出去喝喝咖啡、打打桌球，有的会去洗桑拿，更有甚者进赌场赌博，然后会在下午下班之前赶回公司，向上级汇报工作。当上级问到生意如何的时候，他们早就编好了谎话："客户不在"、"客户没空，约好明天见"、"今天走访的客户太多，没来得及"。但是没有人是可以欺骗一世的，最终只会让自己的老板失望，而且这样的业务员肯定不会有辉煌的事业和光明的前途。

索尼的销售经理卯木肇，是一位非常富有责任感的员工。他不仅具有责任感，而且拥有开拓和创新精神。他从来不会在没有努力的情况下，为自己找借口推卸责任。他只懂得全力以赴完成公司交给的任务。当然每个人都会遇到条件不成熟的时候，有时甚至会缺乏条件，但是他们会创造条件；如果工作太多，人手不够，他们就会把自己一个当俩来用，多付出一些精力和时间，然后完成任务。这样的员工，无论去做什么，去哪里做都不会无功而返，他们会在自己的岗位上展现出自身最大的价值。

四、老板的心思你要猜

谈过恋爱的男士应该明白，如果要想取得姑娘的芳心，那么就必须懂得她的心思，并多做一些让她认可的事情。这种关系也可用在老板和员工身上，员工假如希望获得老板的认可，获得老板的"欢心"，同样需要懂得老板的心思。

老板往往是一家公司的最大股东或者绝对拥有者，他是决策的最后拍板者和公司的灵魂人物。一方面，老板手握大权，公司的统筹、运营均在其安排之中；另一方面，老板掌控着每位员工在公司里的前途，直接或间接地影响着员工的工作和生活。

老板对下属员工们的工作表现和做事态度往往比较敏感。因此，下属不要对老板有过高的期望，否则很可能对老板大失所望；更不能看低他，否则有可能会使你的前途成为定局——不可能在公司中获得升迁和加薪。为此，作为一名员工，首先就要端正自己的工作态度。为了有更多升职和加薪的机会，要使自己的一切行为尽量符合老板的利益，这点至关重要。试想一下，如果你让老板感到厌恶，对你没有什么好印象，那么他怎么可能会重视你呢？**为了符合老板的利益，关键就是要学会读懂老板的心思。**

盈利性组织，其负责人最关注的都是组织的利益。作为企业的所有者，老板最关心的当然是企业的利益。要了解老板的心思，你就必须知道老板最关心的事情是什么。老板和企业的利益包括许多方面的内容，最主要的是能够帮助老板解决他或者企业所面临的各种问题。那怎么样做才能真正地符合老板的心思呢？

1. 别把自己捧得太高

很多人有这样一个"缺点"，他们为了突出个人才能和潜质，喜欢在老板面前有意无意地自我夸奖几句。殊不知这样做其实会适得其反，让老板失去安全感。为什么呢？因为老板有三怕：一怕员工吃里爬外，太过醒目，易被其他公司利诱；二怕员工在公司中有太大的影响力，对其他同事会起到煽动作用；三怕员工油头滑脑，练精学懒。

总之，老板害怕自己的利益受到损害，因而对员工产生警惕和戒备的心理。因此，如果你想成为老板眼中的优秀员工，就尽可能不要在老板面前自夸自耀，应当谦虚谨慎、戒骄戒躁。

2. 只明确老板对你工作上的要求，不要打探老板的私人秘密

每个人都有自己的秘密，老板也不例外。当然，老板也像大部分人一样，不希望别人知道自己的隐私，尤其是下属。作为员工，有关老板的秘密千万不要打听。好笑的是，有些员工知道了老板的一些小秘密，就好像得到了无价之宝似的，觉得这有助于巩固自己和老板的关系。这种想法相当幼稚，因为这些秘密一定是老板不愿意让别人知道的事，他（她）会很担心员工把它泄露出去。这就如同在他（她）心中埋进了一根刺儿，是非要拔去不可的。对这类员工的一句忠告是：切勿让老板知道你了解他（她）的秘密，假如碰巧知道了，你也要装做不知道，这是明哲保身的最好方法。

3. 千万不要伤害了老板的尊严

哪一种行为会伤害到老板的尊严呢？打个比方，当老板说："我真的不知道当初为何会雇佣他。"不识相的下属可能会搭腔说："是的，他的办事能力真是太糟了，我早就感到他太无能了。"这样的回答就可能伤害到老板的尊严，因为这样的回答会让老板觉得，你是在影射他选择人才的眼光有问题。

4. 用自己的行动让老板知道：你对公司和他都十分忠诚

时刻记住要保持对老板应有的忠诚，有的时候对老板毕恭毕敬其实很有必要的。更为重要的就是，不管在工作当中还是下班之后，都不可以损害公司和老板的利益，应该时刻维护企业的

利益，只要你还在那里工作。老板都喜欢忠诚的人，如果你不够忠诚，那么你就犯了老板的大忌。不论什么时候，都要让老板确认你的忠心。

5. 不要表现出一副"我不爱钱"的模样

有时候，在老板面前表现出一副"我不在乎钱"的模样，这会使老板觉得你是个很难驾驭的人，从而对你产生不信任感。当然，也不能表现得过于爱财如命，这会使老板感到你是为金钱而工作，而没有对工作的热忱。

这么多条条框框，这也不能，那也不能，是否让你感到无所适从，感到处处都埋藏着陷阱？事实上的确就是如此，在老板面前，很多时候让人不知该怎样表现才能符合他的心意。其实，如果能够恰当地做到以上这几点，你的职场之路还是比较平坦的。

五、多与老板谈心

有许多员工会想方设法回避与老板的交流，也许老板不好相处，也许觉得和老板交谈没什么用处。或者，觉得自己出于对老板权威的敬畏而对交谈没有信心。不管什么原因，问题总出在员工自己身上，而不是他们的老板。这里其实就有一个关于保住饭碗的法则：假如你不经常性地与老板进行交流沟通，那么，当裁员风暴来临的时候，你可能就是那个对自己已成为"靶心"的浑然不觉的人。为此，你必须寻找能与老板进行顺畅沟通且彼此合作愉快的方式、方法，目的在于和你的老板培养感情。

感情的培养源自成功的一对一接触，包括彼此眼神的交流，这样能和老板培养出感情，让他知道你是怎样的人，而不仅限于同事或下属这样的概念。用谨慎、周全的方式让他了解自己，例如谈谈兴趣爱好、体育、电影等，这些都是助你实现与老板顺畅交流的润滑剂。

与老板沟通要注意些什么呢？首先，要找到一种最有效的沟通方式。E-mail、电话、面谈等方式都可，具体则要取决于老板的行事风格以及你所必需交流的信息的性质。其中面谈是最重要的，即便你的老板99%的时间都在使用电子通信工具，也要尽量找机会定期与他进行一次面对面的交流。这是唯一可以拉近与老板间的距离，并让他全面了解你的方式，与使用电子邮件和语音留言进行交流相比，这也是最不容易产生误解的一种沟通方式。

当然，有一些老板特别爱使用那些冷冰冰的电子通信产品，那就要具体问题具体分析了！既然你无法改变他的习惯，那么就接受并试图从中找到一条能切实有效交流的途径吧。

与老板谈话，做好一些准备也显得尤为必要。例如随身携带一个记事本，随时记下你想和老板交流的新想法。在谈话时，不要提驴唇不对马嘴的问题，还要让自己充满自信并善于控制自己的情绪。另外，还要善于抓住时机传递坏消息或提出加薪请求。当老板没时间或心不在焉的时候，同他会谈的效果就会大打折扣。

有些不幸的员工，会遇到一些很难相处的老板，与这样的老板进行沟通对员工而言是个巨大的挑战。作为员工，可别指望老板会做出什么改变，只能靠自己通过各种策略寻找有效的手段来解决这个问题。例如可以先列一个简单谈话的议程，尽量做到直接有效地控制谈话进度。谈话之后，就其产生的结论给老板发一封措辞中立的E-mail进行确认。这样既有助于老板记住谈话的内容，也等于给自己写下了备忘录。只要排除畏难情绪，抓住问题的要害，与难缠的老板建立有效的沟通和良好的互动关系其实并非那么困难。

与老板沟通，千万不要忽略一个重要的沟通内容：要随时让老板了解你工作的进展情况。月度总结，或有效的中、长期工作总结，以及对未来工作目标的展望非常必要，因为它能让你的老板了解你为公司所做的贡献以及工作的进展情况。

有些员工，尤其是一些女性，认为找老板哭诉是一种拉近自己与老板距离的有效方法，其中也不无道理。我们绝不是提倡让你每天上班都去哭一场，而是告诉你，在某些特定情况下，你的哭泣能让老板知道他面对的是一个活生生的人，这个时候哭泣能帮助你强化人际沟通。坦率来说，这是达到自己目的的有效手段之一。

六、适当地多做一点儿份外事

中国有句古语：各人自扫门前雪，莫管他人瓦上霜。这句话直到今天还是很有市场，在职场中，有些人认为只要把老板交代给自己的事情做好就可以了，其他的事情跟自己无关。还有的人说，主动承担分外的事情，吃亏不讨好，这种事情谁愿意干呢？不错，从表面上来看，多做分外的事情，老板不但不发工资，而且还会招来一些指责你爱出风头的闲言闲语，似乎是吃亏了似的。实际上多做分外事，不仅能给老板踏实、勤奋的好印象，还能在危急关头帮同事解决燃眉之急，从而赢得好的人缘。当然最主要的是可以在帮助别人中得到锻炼。

某大型跨国集团公司来了两名大学生，一个是小李——某重点大学机械专业毕业的学生；一个是小刘——一个二类大学的毕业学生，两人毕业后被安排在工厂第一线锻炼。小李自恃是名牌大学毕业的学生，本来以为自己毕业后会坐在舒服的办公桌前画画图、看看新闻、聊聊天，可没想到被安排在车间安装、调试机器，同普通工人一样干又脏又累的活，心里非常不平衡。但是为了顺利通过实习期，他勉强在上班的时间完成该完成的任务，下班就抬腿走人，从来不管自己分外的事情。

相反，小刘抱着学习的心态，很快就跟工厂的师傅们打成一片。安装调试完机械仪器，他还帮别的工人在流水线上操作，从而了解了机械的性能；通过帮机械维修师傅维修机器，他很快了解了机器的设计、机构、性能，这对他以后设计画图、安装调试机器有了很大的帮助。

过了没多久，工厂生产规模扩大，淘汰了一批旧设备，从国外引进新设备投入生产，设备在工厂安装完毕，可依旧无法运转。眼看着开工在即，但是却找不出原因；跟国外的生产商联系，不料正值生产高峰期，那边的工程师都被派出去了，一个星期后才能有工程师过来查明原因。倘若这样的话，那么整个工厂就要停产一周，损失不可估量。这个时候，小刘主动跟厂长请求想试试，厂长在无奈之下，只好答应小刘这个新手试试。小刘靠着以前跟维修工厂师傅积累的经验开始摸索，终于使机器开始正常运转，大家都连声称赞。

就这样三个月实习期匆匆而过，小刘因为踏实肯干，多做分外事，上手快，被领导赏识很快转正，并被作为储备干部派往国外学习培训，而小李却还在工厂调试、安装机器。

　　站在同一起跑线上的小李和小刘，正是因为一个愿意多做分外的事情，一个只做自己分内的事情，当三个月实习期结束之后有了不同的境遇：小刘踏实肯干，得到了领导赏识，有了深造的机会；小李因为不愿意多做一点事，还在原地踏步。事实证明，多做点分外事，不仅不吃亏，还会有好的前途。

　　当然，多做分外事，也需要技巧，如果你处处好强，抢别人的功劳，爱出风头，有时也会物极必反，搞得里外不是人。

七、帮助老板成功，你也会获得成功

比尔·盖茨曾经说过："微软喜欢招纳聪明的人，因为这些比我们更出色的人，能帮助我们取得更大的成功。"

事实上也确实是如此。在微软公司，那些帮助比尔·盖茨取得成功的员工，自己也都取得了不小的成功。

在微软公司股票上市之后，比尔·盖茨很快成为了世界首富，而一直跟随他的不少员工也就都一下子成了百万富翁。在微软公司的停车场，总是停满了各种各样的高级轿车，保时捷、奔驰、法拉利等名牌轿车比比皆是，即使比尔·盖茨的车混在中间，也很难辨认出来。

比尔·盖茨之所以能够成为世界首富，其实并不在于他的工资，而是在于他拥有公司25%的股票。当微软公司股票价格持续上涨的时候，盖茨的财富就会水涨船高。同样，持有股票的微软员工也就有很多人成为了百万富翁，1994年这个数字是3000人。

在这样一个时代当中，个人的成功是建立在团队成功基础之上的，没有企业的快速增长和高额利润，员工也不可能获取丰厚的薪酬。

企业的成功不仅意味着老板的成功，也意味着员工的成功。员工与公司是"一荣俱荣，一损俱损"的关系。如果公司没有利润，公司倒闭，受损的是老板，但员工也会立刻走上失业之路。

作为一名员工，要好好地打造自己的能力，处处为公司着想，与公司制订的长远目标保持步调一致，全力以赴为公司创造财富。公司效益好，老板的事业成功了，我们自然也就成功了。

帮助自己的老板取得成功有许多方式，比如支持老板，帮老板解决一些难题等。

斯帕在一个公司做国际市场副总裁助理，有一天他接到上司派遣的紧急任务：根据总裁的笔记草稿，做好业务进展曲线图。但是在工作进行中，他发现了一处错误，总裁笔记中写道："美元坚挺，则出口就会增加。"斯帕知道事实恰恰相反，这是个错误。于是，他纠正了这个错误，然后告知了自己的总裁。

总裁老板非常庆幸自己有这样的员工——及时发觉自己的错误。不久，斯帕工资被提高了两倍。

一个人不可能是万事通，老板也是。在工作中每个人都会犯错，尤其是老板，可能也会遇到很多难以解决的问题，经常会出现疏漏。因此，面对这些可能阻碍公司发展、阻碍企业进步的问题时，你要勇于帮助老板解决这些问题，这样不仅企业能获得发展，取得进步，你也可以成为老板信任的员工，实现自己的发展。